Anja Förster
Peter Kreuz

NEIN

Was vier mutige Buchstaben
im Leben bewirken können

Pantheon

Verlagsgruppe Random House FSC® N001967

Der Pantheon Verlag ist ein Unternehmen der
Verlagsgruppe Random House GmbH.

Erste Auflage
September 2016

Copyright © 2016 by Pantheon Verlag, München,
in der Verlagsgruppe Random House GmbH,
Neumarkter Str. 28, 81673 München

Umschlaggestaltung: Thierry Wijnberg, Berlin
Gestaltung und Satz: Andrea Mogwitz
Verwendete Schrift: Berling Nova
Druck und Bindung: CPI books GmbH, Leck
Printed in Germany
ISBN 978-3-570-55342-8

www.pantheon-verlag.de

Dieses Buch ist auch als E-Book erhältlich.

»Nur wer sich entscheidet, existiert.«
Martin Luther

Inhalt

Ja, okay ...

Nein«, sagen Sie.

Schon beim Frühstück bearbeitet Sie Ihr Sohn und bekniet Sie, ihm den kostenpflichtigen Download eines neuen Computerspiels zu erlauben.

»Komm schon!«, insistiert er, »Das Spiel ist mega angesagt. Und es ist ja kein Ego-Shooter, sondern eigentlich so was wie ein Strategiespiel ...«

Sie schauen skeptisch.

»Oh, bitte. Wie steh' ich denn sonst da? Ich will mit meinen Freunden übers Netz mitspielen können. Die schließen mich sonst aus. Das ist ein echt soziales Spiel, weißt du. Ich brauch' das, sonst bin ich der Depp. Jetzt sag schon Ja! Bitte!«

Sie atmen aus, Ihre Schultern sinken, Ihr Widerstand bricht zusammen. Es ist einfach zu anstrengend, dagegenzuhalten. Und das Gefühl, ein Rabenvater oder eine Rabenmutter zu sein, wenn Sie weiter hart blieben, wäre sehr, sehr unangenehm. Sie murmeln: »Na gut, von mir aus ...«

»Yesss!« – Ihr Sohn macht die Beckerfaust und rennt aus der Küche in sein Zimmer, um den Download noch vor der Schule zu starten.

Dass Sie nachgegeben haben, nervt Sie noch, als Sie sich auf den Weg ins Büro machen. Auf dem Firmenparkplatz angekommen, winkt Ihnen schon der Kollege aus der Buchhaltung freundlich zu. Er erinnert Sie daran, dass Sie letzte Woche bei seinem Geburtstagsumtrunk zugestimmt haben – war das nach dem zweiten oder dritten Gläschen Sekt? – die Organisation des nächsten Sommerfests zu übernehmen.

»Oh, nein!«, denken Sie, »wie komme ich bloß aus der Nummer wieder raus?« Diesen Job haben Sie schon einmal ausgeschlagen und damals zu viel Stress geltend gemacht. Das war eine Ausrede. Aber verderben wollen Sie es sich mit den Kollegen auch nicht. Wie könnten Sie jetzt bloß Nein sagen, ohne wie ein Drückeberger auszusehen?

Sie lächeln gequält und hören sich selbst sagen: »Ja, mach' dir mal keine Sorgen. Ich geh' da noch diese Woche ran!«

Ihr Ja, das Sie sich abgequält haben, fühlt sich wie eine Niederlage an und liegt Ihnen noch im Magen, als Ihr Chef beim wöchentlichen Meeting eine Projektidee vorstellt. Gesucht wird ein Projektleiter, der erstmal eine Machbarkeitsstudie durchführt. Sie merken schon, wie der Chef zu Ihnen herüberschaut, während er noch spricht.

»Möge dieser Kelch an mir vorübergehen!«, schießt es Ihnen durch den Kopf, denn Ihnen ist sonnenklar, dass das eine Menge an Extraarbeit mit sich bringen würde.

»Du bist genau der Richtige für diese Aufgabe«, sagt Ihr Chef in Ihre Richtung und nickt Ihnen aufmunternd zu.

»Mist!«, denken Sie. Sie hecheln in Gedanken Ihre To-Do-Liste durch und wissen: Erst das Sommerfest und jetzt noch dieser zusätzliche Job, für den Sie eigentlich gar keine Zeit haben. Von Lust ganz zu schweigen. Aber wie sollen Sie ablehnen? Das würde sicher Ihr Verhältnis zu Ihrem Chef belasten. Vielleicht würde es sogar Ihre Beförderung gefährden.

Also: Sie nicken ihm freundlich zu und nehmen die Aufgabe dankend an.

Als Sie kurz vor Feierabend reichlich erschöpft ihre Sachen zusammenpacken, fragt Ihr Azubi Sie, ob Sie ihm bei einer Präsentation helfen können, die er morgen in der Berufsschule auf Englisch halten muss. Er würde sich freuen, wenn Sie seine Folien lesen und korrigieren könnten. »Sie sprechen doch so gut Englisch und ich wollte Sie schon die ganze Woche ansprechen, aber Sie sind ja immer so beschäftigt …«

Der implizite Vorwurf, den Sie zwischen den Zeilen heraushören, motiviert Sie überhaupt nicht. Sie fühlen sich komplett ausgelaugt und haben nicht die geringste Lust. Aber jetzt den jungen Mitarbeiter hängenlassen?

Sie ringen sich ein Lächeln ab und sagen: »Ja, okay.«

TEIL I

Warum Freiheit ein Ladenhüter ist

1
Dir stehen
doch alle Türen offen!

Wenn Sie einmal innehalten und die Bedingungen Ihres Lebens aus der Vogelperspektive betrachten: Sie können kaum ermessen, wie frei Sie heute leben! In weiten Teilen der westlichen Welt herrscht eine Abwesenheit von Zwängen, die im historischen Vergleich geradezu spektakulär ist.

Noch vor wenigen Generationen war dieses Maß an persönlicher Freiheit undenkbar. Menschen bewegten sich in einem engen Korsett aus Zwängen und Abhängigkeiten. Persönliche Entscheidungen wurden im Einklang mit dem getroffen, was sich gehörte und geboten war. Wer es wagte, dagegen zu verstoßen, wurde ruckzuck aus Familie, Gemeinschaft oder Gesellschaft ausgegrenzt. Nicht einmal die herausragendsten Persönlichkeiten früherer Zeiten hatten auch nur annähernd so viele Freiheiten, Optionen und

Perspektiven wie Frau oder Herr Maier, Schuster, Müller im 21. Jahrhundert.

Natürlich, es ist eine Frage der Perspektive. Durch den Fokus des Alltags bemerken wir häufig gar nicht, wie unnormal das alles ist, was wir für normal halten, was aber durch das große, zeitlich-geografische Weitwinkelobjektiv besehen klare Privilegien sind.

Wie groß der Zuwachs von Freiheit auf der individuellen Ebene in nur einem Jahrhundert war, lässt sich am Beispiel von Marie Curie nachvollziehen. Curie war eine legendäre Forscherin des 20. Jahrhunderts, die als erste Frau überhaupt den Nobelpreis gewann. Und das gleich zweimal – 1903 für Physik und 1911 für Chemie. Sie erfand das Wort »radioaktiv« und entdeckte die Elemente Polonium und Radium. Wie herausragend ihre Leistungen sind, zeigt sich allein schon darin, dass bis heute nur gut fünf Prozent aller Nobelpreisträger weiblich sind und dass außer Marie Curie nur drei Menschen zweimal vom Nobelkomitee ausgezeichnet worden sind.

Sie war damals, vor etwa hundert Jahren, in der Öffentlichkeit sehr bekannt. Doch sie wäre es nie geworden, hätte sie nicht einen unbedingten Willen und ein eisernes Rückgrat gehabt. Denn die gesellschaftlichen Beschränkungen und Widerstände, mit denen sie konfrontiert war, sind aus heutiger Sicht beinahe unbegreiflich.

Drei Geschichten von Madame Curie erzählen wir Ihnen. Alle drei handeln von verschlossenen Türen.

Ein Traum wird wahrgekämpft

Als sich die erste Geschichte ereignete, war Marie noch ein Teenager. Sie war in Warschau geboren, bei sehr gebildeten Eltern aufgewachsen und zeigte schon früh eine erstaunliche Intelligenz, genauso wie ihre große Schwester Bronia. Die beiden wollten studieren. Doch Frauen waren damals in Polen generell nicht zum Studium zugelassen. So einfach war das. Und alle klugen und begabten Mädchen hatten sich zu fügen. Man arrangierte sich.

Doch Marie fügte und arrangierte sich nicht. Dann wollte sie eben im Ausland studieren, in einem Land, wo Frauen bereits zugelassen waren! Doch sie fand in der Verwandtschaft niemanden, der ihr das Studium bezahlen konnte. Ihr Vater, ein pensionierter Lehrer und Witwer, konnte seine fünf Kinder jedenfalls gerade so über Wasser halten, ein Studium war zu teuer.

> Doch Marie fügte und arrangierte sich nicht.

Marie gab nicht auf. Mit 17 begann sie Privatunterricht zu geben. Und nebenher bildete sie sich autodidaktisch weiter. Zusammen mit ihrer Schwester besuchte sie geheime Treffen einer illegalen »Fliegenden Universität«, wo sie Wissen auf akademischem Niveau aufschnappen konnte. Mit 18 fand sie eine Anstellung als Hauslehrerin bei einer vermögenden Familie auf dem Land. Sie arbeitete, sparte und lernte immer weiter, um sich darauf vorzubereiten, irgendwann einmal studieren zu können. Jeden Tag unterrichtete sie zusätzlich ein Dutzend Bauernkinder in Lesen und Schreiben. Mit anderen Worten: Sie ackerte und büffelte und gab alles für ihren Traum vom Studieren. Dass sie den ältesten Sohn des Hauses, in den sie sich verliebt hatte, nicht heiraten durfte, weil sie dem Hausherren nicht als gute Partie für seinen Stammhalter erschien, sei hier nur als Randnotiz angemerkt.

Zusammen mit ihrer älteren Schwester Bronia heckte sie dann einen Plan aus, um die geschlossenen Türen der Gesellschaft zu umgehen und doch noch studieren zu können. Marie gab all ihr mühsam verdientes Geld ihrer Schwester. Gemeinsam schafften sie es, Bronia einen Studienaufenthalt in Paris zu ermöglichen. 1891 schließlich hatte Bronia es geschafft, sich in Paris zu etablieren. Sie war verheiratet und finanziell abgesichert. Nun konnte der zweite Teil des Plans in Kraft treten: Bronia holte Marie zu sich nach Paris, ließ sie in ihrer Wohnung wohnen und bezahlte ihre Studiengebühren und ihren Lebensunterhalt. Als sich Marie endlich an der Sorbonne für ein Studium der Physik und der Mathematik einschrieb, lagen sechs lange Jahre des Kämpfens hinter ihr. Sie hatte unter großen Opfern geschafft, was heute ein selbstverständliches Privileg für viele Menschen ist: Sie durfte studieren!

Ehre, wem Ehre gebührt

Die zweite Geschichte spielt nach ihrem Studium, das außerordentlich erfolgreich verlief. Von den 1825 Studenten der Naturwissenschaften an der Pariser Universität waren nur 23 Frauen, aber sie setzte sich durch: In Mathematik schaffte sie den zweitbesten Abschluss, in Physik wurde sie Jahrgangsbeste. Sie ergatterte ein begehrtes Stipendium und durfte anschließend mit einigen der besten Physiker der Welt arbeiten. Professor Antoine-Henri Becquerel wurde ihr Doktorvater, der Laborleiter Pierre Curie wurde nicht nur ihr Forschungs-, sondern auch ihr Lebenspartner. Die beiden heirateten, was Marie auch die französische Staatsbürgerschaft bescherte.

Frauen waren in der Akademie der Wissenschaften nicht zugelassen.

Um die Jahrhundertwende wurde das Forschen und Experimentieren von Marie Curie und ihrem Ehemann immer zielstrebiger und erfolgreicher. Sie gewann einen Preis der Akademie der Wissenschaften für ihre Arbeiten über Magnetismus, Metalle und Radioaktivität. Allerdings mussten ihre Forschungsergebnisse von Pierre Curie und Professor Becquerel vorgetragen werden, denn Frauen waren in der Akademie der Wissenschaften nicht zugelassen.

Die Curies korrespondierten mit den bedeutendsten Physikern der Welt über Radioaktivität und publizierten gemeinsam. Schließlich fasste Marie alles, was sie über Radioaktivität herausgefunden hatte, in ihrer Dissertation zusammen, die sie 1903 verteidigte und veröffentlichte. Und die war ein wissenschaftlicher Bestseller, wurde sofort in fünf Sprachen übersetzt und in angesehenen akademischen Journalen abgedruckt. Die Forschungen über das Phänomen der Radioaktivität, das die Zusammenarbeit von Antoine-Henri Becquerel und dem Forscherpaar Pierre und Marie Curie hervorgebracht hatte, waren eine anerkannte wissenschaftliche Großtat. Noch im selben Jahr sollten deshalb Pierre Curie und Antoine-Henri Becquerel den Nobelpreis erhalten. Genau. Die beiden Männer sollten den Nobelpreis erhalten. Nur die beiden. Denn eine Frau als Nobelpreisträgerin? Das hatte es noch nie gegeben und war schlicht nicht vorgesehen!

Als Pierre davon erfuhr, setzte er ein Schreiben an das Nobelkomitee auf und formulierte: »Wenn es stimmt, dass man tatsächlich ernsthaft an mich denkt, so wünsche ich sehr, aufgrund unserer Forschungen (...) gemeinsam mit Madame Curie in Betracht gezogen zu werden.«

Ganz offensichtlich war die Anerkennung für Marie Curie unter den Wissenschaftlern zu diesem Zeitpunkt bereits so groß, dass nun auch die Nobelkomitee-Mitglieder über ihren Schatten springen mussten: Marie Curie erhielt zu gleichen Teilen gemeinsam mit ihrem Ehemann und ihrem Mentor die begehrte Auszeichnung. Hätte ihr Ehemann Pierre damals nicht interveniert, dann wäre sie leer ausgegangen – weil eine Frau im Jahre 1903 nicht die Freiheit hatte, einen Nobelpreis zu gewinnen.

Skandal!

Die dritte Geschichte schließlich brach die stolze Frau und zeigte ihr dann doch noch ihre Grenzen auf. Es begann mit dem Verlust ihres Ehemannes, der bei einem Verkehrsunfall im Jahr 1906 ums Leben kam. Marie Curie trug schwer an Pierres Tod und litt in der Folge an Depressionen. Kurioserweise führten diese tragischen Umstände dazu, dass Madame Curie die erste Frau wurde, die an der Sorbonne lehrte, denn sie wurde zur Nachfolgerin ihres verstorbenen Ehemanns auf dem Lehrstuhl für Physik ernannt, und zwar deshalb, weil sie die beste Physikerin an der Universität war.

Auch die Leitung des Labors wurde neu besetzt, und zwar mit Professor Paul Langevin, der ebenfalls ein herausragender Wissenschaftler war. Er war es auch, der den frei gewordenen Platz im Herzen von Marie eroberte. Paul und Marie wurden ein Paar.

Aber natürlich wurden sie das nur heimlich. Denn die Voraussetzungen für diese Liebe waren unmöglich: Er 39 Jahre alt, sie fünf Jahre älter. Er Christ, sie Jüdin. Er verheiratet und Familienvater, sie Witwe. Von einer Witwe wurde damals erwartet, dass sie sich entweder nach einer Trauerfrist erneut heiraten ließ, aber bitte gemäß den gesellschaftlichen Konventionen, oder sie musste den Rest ihres Lebens diskret alleine fristen, als asexuelles, zurückgezogenes Wesen. Marie Curie aber stand mitten im Leben. Sie und Paul trafen sich regelmäßig heimlich in einer extra dafür angemieteten Wohnung. Es kam wie es kommen musste: Pauls Ehefrau bekam Wind von der Affäre, sie ließ ihrem Ehemann nachspionieren,

21

die Wohnung wurde ausgespäht, sie ließ zum Zwecke der Beweissicherung einbrechen und Liebesbriefe der beiden stehlen. Marie Curie drohte sie mit Mord.

Ehebruch!
Skandal!

Heute wäre es ein klarer Fall, welche der Beteiligten das Gesetz übertreten hatte: Diebstahl, Einbruch, Bedrohung – glasklare Straftatbestände aus heutiger Sicht. Ein Vorzeigen der Briefe wäre der Beweis für eine Straftat der Ehefrau, nicht für ein Verbrechen der Geliebten. Aber damals waren die Grenzlinien anders gezogen: Ehebruch! Skandal! Paul Langevin wurde von seiner eifersüchtigen Frau und deren Bruder erpresst: Entweder er beendete die Affäre sofort, oder sie würden alles in die Zeitung bringen. Immerhin war Madame Curie eine Berühmtheit, der Boulevard würde sich um diese Geschichte reißen. Paul musste an seinen Schwager sogar Schweigegeld zahlen. Doch es half alles nichts, seine Frau war rasend vor Eifersucht, reichte die Scheidung ein, verklagte ihren Mann wegen »Verkehrs mit einer Konkubine« und hinterbrachte die Geschichte samt den erbeuteten Liebesbriefen einem Journalisten.

Der Skandal war losgetreten und die Zeitungen machten sich darüber her wie Geier über einen Kadaver. Freunde aus Wissenschaftskreisen, darunter Albert Einstein, versuchten, Madame Curie zu verteidigen. Doch der Geist war aus der Flasche, sogar die New York Times berichtete ganzseitig und mit Auszügen aus den Briefen. Der Journalist, der wider jeglichen

journalistischen Ethos gehandelt und die privaten Briefe ver-
öffentlicht hatte, beleidigte Paul als »Rüpel« und »Feigling«
und Marie als »Fremde«. Dann setzte er eins drauf und nannte
sie abwertend eine »Intellektuelle«. Um ihr schließlich ver-
bal den Todesstoß zu versetzen, steigerte er sich noch einmal:
»Emanze!« – Was folgte, waren fünf Duelle, darunter eines
zwischen ebendiesem Journalisten und Paul Langevin, der
versuchte, seine Ehre zu verteidigen. Kurz: Das Chaos war
über Marie Curie hereingebrochen, weil sie erneut die Grenzen der gesellschaftlichen Konvention missachtet hatte.

Mittendrin im Schlamassel wurde bekannt, dass das
Nobelkomitee Marie Curie zum zweiten Mal den Nobelpreis
verleihen wollte, diesmal für Chemie. Doch angesichts des
Skandals waren die Juroren in Stockholm in Aufruhr. Das
Nobelkomitee schrieb ihr, dass sie sich nicht für sie entschie-
den hätten, wenn sie früher von der Affäre erfahren hätten.
Sie forderten von ihr, den Preis nicht anzunehmen, bevor sie
nicht gerichtlich freigesprochen sei.

Marie Curie aber drückte ihr Kreuz durch und antwor-
tete, dass ihr Privatleben und ihre Leistungen nichts miteinander zu tun hätten, dass der Preis laut Aussage des Komitees
für wissenschaftliche Errungenschaften, nicht für Personen
vergeben würde – und dass sie selbstverständlich nach Stockholm reisen und den Preis annehmen werde! Und genau das
tat sie. Zum ersten Mal wurde ein zweiter Nobelpreis an ein
und dieselbe Person verliehen.

Doch Marie Curie war die ganze Affäre so nahegegangen,
dass sie nach ihrer Rückkehr aus Stockholm einen Schwäche-
anfall erlitt und ins Krankenhaus musste. Es war alles zu viel
für sie gewesen. Gesundheitlich kam sie danach nie wieder
richtig auf die Beine. Sicherlich war sie außerdem durch ihren

23

jahrelangen ungeschützten Kontakt mit radioaktiven Elementen auch chronisch strahlenkrank. Die Liaison mit Paul Langevin war zerstört und überdauerte den Skandal nicht. Es war die letzte Liebesbeziehung in ihrem Leben. Gesellschaftlich war Maire Curie nicht mehr gerne gesehen. Sie musste aus ihrem Haus ausziehen, wo sie von Nachbarn beschimpft wurde. Wenn sie reiste, dann unter falschem Namen. Die Universität musste sie verlassen. Ihre wissenschaftliche Karriere war an den verschlossenen Türen des Jahres 1911 doch noch zerschellt.

Selbstverständlichkeiten

Heute wären diese drei Geschichten vollkommen anders verlaufen. Selbstverständlich hätte Marie Curie die Chance gehabt zu studieren. Ein Pakt mit der Schwester wäre nicht nötig gewesen. Und wenn die Finanzen knapp gewesen wären, dann hätte sie die Freiheit gehabt, nebenher zu jobben, so wie es für viele Studenten heute Normalität ist. Sie hätte sicherlich auch gute Chancen auf ein Studiendarlehen, ein Stipendium oder öffentliche Ausbildungsförderung gehabt. Das alles ist heute in der westlichen Welt kein Problem mehr.

Denn sonst wäre Kai Diekmann,
der Herausgeber der Bild-Zeitung,
heute entweder ein Meisterschütze
oder schon längst tot.

Bei der Vergabe von Preisen oder bei der Mitgliedschaft in Clubs und Akademien würden heute weitgehend ihre Leistungen zählen. Kein Jury-Mitglied würde gegen eine Auszeichnung stimmen, nur weil sie kein Mann ist. Ob jemand aus Polen oder Frankreich stammt – kein Problem. Heute wäre jede Uni stolz, einen Starforscher aus einem anderen Land auf einen Lehrstuhl zu locken. Ihr Privatleben hätte in der Öffentlichkeit keine Rolle gespielt. Und auch Duelle gibt es heute nicht mehr. Denn sonst wäre Kai Diekmann, der Herausgeber der Bild-Zeitung, heute entweder ein Meisterschütze oder schon längst tot. Kurz: Wir haben heute gesellschaftliche Freiheiten in einem Umfang, der vor hundert Jahren noch undenkbar war. Wo früher fast unüberwindbare Hürden waren, ist heute geebneter Pfad. Wir können frei entscheiden, was wir wollen. Und dann einfach losmarschieren.

Wir werden kaum mehr an verschlossenen Türen scheitern, sondern alleine an uns selbst.

Will ich studieren oder nicht? Lieber eine Lehre machen? Erstmal eine Weltreise, um noch überlegen zu können? Oder ein freiwilliges soziales Jahr? Oder mal eine Weile in einem anderen Land leben? – Alles okay. Mach, was du willst! Sollen wir heiraten? Oder geht's auch ohne Trauschein? – Wir können, wie wir wollen, völlig unabhängig von Herkunft, Geschlecht, gesellschaftlicher Schicht. Eine Familie gründen? Wieso nicht ...? Andererseits ... Okay, das geht auch noch später. Kein Kind oder zwei oder fünf? Das geht alles.

Welchen Beruf will ich wählen? Und welchen Arbeitgeber? Es gibt tausende Möglichkeiten. Auch da müssen wir uns nicht festlegen. Im Gegenteil: Wer heute nicht alle fünf Jahre wechselt, mit dem stimmt ja wohl was nicht! Oder will ich mich selbständig machen? Ein Unternehmen gründen? Mit Partnern? Oder allein? Angestellt sein hat auch was für sich. Teilzeit ginge auch. Wir können heute selbst entscheiden. Die Lebensumstände und so vieles mehr wählen wir selbst, und wir wählen sie für uns passend und nach Vorlieben. Ausprobieren, Testen und Reinschnuppern ist jederzeit erlaubt.

Sollen wir heiraten?
Oder geht's auch ohne Trauschein?

Tanze deinen Tanz!

Es gibt einen roten Faden in dieser unglaublichen Entwicklung des menschlichen Lebens: All diesen rasend schnellen Veränderungen ist gemein, dass sich die Grenzen auflösen. Und damit meinen wir nicht nur geographische Grenzen, sondern vor allem Grenzen zwischen Geschlechtern, Grenzen der Moralvorstellungen, Grenzen zwischen Gesellschaftsschichten, Grenzen zwischen Kulturen, Grenzen zwischen Arbeit und Freizeit oder Grenzen des Machbaren ... alle Grenzen sind durchlässiger geworden, verwischt und manchmal kaum noch zu erkennen.

Übertragen auf die Alltagskultur bedeutet Grenzenlosigkeit in erster Linie die Explosion der Wahlmöglichkeiten. Und das ist wunderbar! Denn die Wahl zu haben, bedeutet eben auch Lebensqualität wählen zu können, Autonomie leben zu können, Selbstbestimmung ausüben zu können, Kontrolle über das eigene Leben zu haben, für Passgenauigkeit zwischen der eigenen Persönlichkeit und den eigenen Lebensumständen sorgen zu können – und individuelle Ausdrucksmöglichkeiten zu haben. Die Wahl zu haben heißt konkret: Sie können Ihr Leben gestalten. Sie können es tun. Ob Sie Ihre Prioritäten so oder so wählen – das prüfen Sie nicht an Konventionen oder Traditionen ab, sondern alleine an Ihren eigenen Wertmaßstäben und Wünschen.

Auf diese Weise wird das gestaltete Leben in der äußeren Welt ein Ausdruck der Persönlichkeit im Innern. Die Wahl zu haben heißt: Eine Welt zu gestalten als Ausdruck des Ichs: »Ich mach mir die Welt, wie sie mir gefällt!« – Dieses Phänomen ist etwas völlig Neues! Damit einher geht die enorme Verbesserung der Lebensqualität. Der Opferfaktor »Ich-hätte-so-gern-aber-ich-durfte-ja-nie« fällt weg. Stattdessen können Sie die Bedingungen Ihres Lebens passend zu Ihrer Persönlichkeit, Ihren Wünschen und Zielen gestalten. Ja, wir haben die Wahl. So erstaunlich das ist, so schön ist das auch.

Rüdiger Nehberg hatte auch schon die Wahl. Der 1935 geborene Ostwestfale wuchs in einem Haushalt auf, in dem alles durchstrukturiert, organisiert und – so Nehberg – »bis auf fünf Stellen hinter dem Komma geregelt« war. Doch er hatte den inneren Antrieb, den unbändigen Drang, Grenzen zu überschreiten und auszubrechen. Diese Kraft fand ein Ventil als er siebzehn war: Er radelte kurzerhand von Hamburg nach Marrakesch.

»In der Not frisst der Teufel Fliegen. Ich habe es immer mit dem Teufel gehalten.«

Später im Leben gab er seinem Abenteuerdrang immer weiter nach: Anfang der Siebziger bezwang er den blauen Nil, der bis dato als unbefahrbar gegolten hatte. Anfang der Achtziger wanderte er innerhalb von drei Wochen quer durch Deutschland – ohne Proviant, ohne Geld, ohne Ausrüstung. Um zu überleben aß er Heuschrecken, Blindschleichen und ein eitriges Kaninchen. »In der Not frisst der Teufel Fliegen. Ich habe es immer mit dem Teufel gehalten«, kommentierte er das grinsend. Rüdiger Nehberg wurde zum deutschen Survival-Guru. Er sang sein Lied, er tanzte seinen Tanz, er lebte sein Leben. In seinem Fall war es eben ein nichtbürgerliches Leben. Heute nutzt er seine Popularität, um gegen die Genitalverstümmelung von Mädchen und Frauen in den Ländern Afrikas zu kämpfen. Und das mit bemerkenswertem Erfolg.

Aber bemerkenswert ist auch: Eigentlich macht er ja nichts anderes als Marie Curie! Er lebt sein Leben, er trifft seine eigene Wahl. Nur: Ihm bringt es öffentliche Bewunderung ein, während man auf Marie Curie noch einprügelte.

Achtundsechzig Jahre liegen zwischen den Geburtsdaten der beiden. – Wie haben sich die Zeiten geändert!

Forever young

Und sie ändern sich weiter: Sie wünschen sich ein anderes Geschlecht? Dann lassen Sie sich eben entsprechend operieren. Wenn Sie dann ein Mann geworden sind, aber dennoch schwanger werden wollen, dann geht das auch. So geschehen vor kurzem in Berlin: Ein Mann, der aus der Zeit vor seiner Geschlechtsumwandlung noch eine funktionstüchtige Gebärmutter und Eierstöcke hatte, ließ sich per Samenspende befruchten und brachte sein Kind zur Welt. In der Geburtsurkunde dieses Kindes gibt es keine Mutter.

Eine andere Berlinerin hatte schon 13 Kinder von fünf verschiedenen Männern bekommen, das letzte, als sie 55 Jahre alt war. Mittlerweile ist die alleinerziehende Lehrerin siebenfache Oma. Sie beschloss, nochmal schwanger zu werden, ließ sich sowohl Ei- als auch Samenzelle spenden und brachte im Alter von 65 Jahren Vierlinge zur Welt. Wer dieser Frau kritische Fragen stellt, erhält ein Statement nach dem Muster: »Ich bin der Meinung, dass jeder sein Leben so leben sollte, wie er möchte.«

Sind solche Extrembeispiele nun ein Ausdruck von Freiheit? Oder bereits Egoismus? Oder gar Egozentrik? Das kann jeder selbst bewerten. Jedenfalls stehen solche Fälle für die immer weiter fortschreitende Zertrümmerung von Grenzen. Sie sind ein Zeichen unserer Zeit. Wir sind nun wirklich kreative Geister, aber wir müssen zugeben, dass unsere Fantasie nicht ausreicht um uns vorzustellen, welche Grenzen die Menschheit bis zum Jahr 2050 noch überschreiten und beseitigen wird. Vermutlich ist der Tod die einzige Grenze, die uns bleibt.

Freiheit?

Oder bereits Egoismus?

Oder gar Egozentrik?

Obwohl ... auch diese Grenze ist nicht in Stein gemeißelt. Bill Maris, der Präsident von GV, der Risikokapital-Firma in der Alphabet-Firmengruppe, die früher Google hieß, ist überzeugt davon, dass es nur eine Frage der Zeit ist, bis seine Firma den Menschen ermöglicht 500 Jahre alt zu werden. Und Alphabet investiert hunderte von Millionen Dollar pro Jahr in diese Idee! Die Biologie des Menschen soll durch verschiedenste Technologien so modifiziert werden, dass dessen Körper nicht schon nach läppischen 100 oder 120 Jahren den Geist aufgibt. Sind Sie bereit dafür? Sind wir als Gesellschaft bereit dafür?

Die innere und die äußere Freiheit

An dieser Stelle müssen wir beginnen zu differenzieren: Bereit wofür? Für die Freiheit, nach unserer Fasson zu leben? – Ja, dafür sind wir bereit. Großartige Bedingungen sind das! Aber dennoch: Wenn das schon alles wäre, dann müssten wir auf der Straße eigentlich überall nur glückliche Gesichter sehen. Wir müssten täglich Menschen treffen, die ihre enormen Möglichkeiten voll ausschöpfen und ein zufriedenes, selbstbestimmtes Leben führen. Aber so ist es nicht!

Es ist vielmehr offensichtlich, dass uns die Freiheit allein gar nicht glücklich macht!

Nur, woran liegt das? Nun, es liegt daran, dass der Grad an Freiheit im Außen noch lange nicht mit der entsprechenden inneren Freiheit korrespondiert.

Die äußere Freiheit, das sind die Wahlmöglichkeiten in Aspekten wie Bildung, Wohlstand und Lebensgestaltung. Die aber haben einen erstaunlich geringen Einfluss auf unsere generelle Lebenszufriedenheit. Glück und Zufriedenheit steigen gerade dann, wenn Menschen ganz unabhängig von den äußeren Bedingungen das Gefühl haben, eigenverantwortlich zu handeln und frei zu entscheiden. Das stellt sich allerdings nur ein, wenn wir Überblick und Orientierung haben.

Nun ist allerdings die Zahl der real existierenden Wahlmöglichkeiten in den letzten Jahrzehnten geradezu explodiert. Gleichzeitig ist auch die Menge der zur Verfügung

31

stehenden Informationen explodiert. Vor einigen Jahrzehnten glaubten die Kommunikationswissenschaftler noch daran, dass Informationen Ungewissheit reduzieren. Aber wir sehen heute, dass das Gegenteil der Fall ist: Wir leiden heute unter einem allgegenwärtigen Information Overload. So viele Daten, so viele Optionen. Statt Überblick und Orientierung zu haben, verlieren wir uns in Details und sehen den Wald vor lauter Bäumen nicht mehr. Die vielen Wahlmöglichkeiten stürzen uns in komplexe, unübersichtliche Entscheidungssituationen, mit denen wir überhaupt nicht gut zurechtkommen.

Darin sind wir sehr schlecht!

Früher, in weniger komplexen Zeiten, gab es im Prinzip nur die Wahl zwischen gut und schlecht. Das war einfach. Heute aber verzweifeln wir, weil wir nicht wissen, welche Option die bessere ist. Wir verlieren die Übersicht und hadern mit uns und unserer Entscheidung, weil wir gezwungen sind, zwischen gut, weniger gut, etwas besser, anders aber doch gar nicht so schlecht, vielleicht am Ende doch noch besser, total anders und überhaupt zu entscheiden. Darin sind wir sehr schlecht! Das bedeutet, dass wir am Wort Entscheidungskompetenz nicht mehr vorbeikommen, schreibt der Wirtschaftspublizist Wolf Lotter. Und fügt hinzu: »Das ist die zentrale Tugend der Wissensgesellschaft, ungefähr das, was früher Fleiß, Strebsamkeit und Disziplin zusammen waren.«

Die Freiheit zur Gestaltung unseres Lebens ist zunächst

wie ein Buch mit unbeschriebenen Seiten. Wir selbst sind es, die die Seiten mit Inhalt füllen müssen. Der österreichische Ökonom und Nobelpreisträger Friedrich August von Hayek hat es weniger prosaisch ausgedrückt: »Die Freiheit wird etwas Positives nur durch den Gebrauch, den wir von ihr machen. Sie sichert uns keinerlei bestimmte Möglichkeiten, sondern überlässt es uns zu entscheiden, was wir aus den Umständen machen, in denen wir uns befinden.« Zu seiner Wolke würden wir ihm gern hinaufrufen: Hayek, alter Junge, besser kann man es nicht auf den Punkt bringen!

Freiheit braucht Menschen, die daraus etwas machen. Die Verantwortung für ihr Handeln und für ihre Entscheidungen übernehmen.

Und nicht nur das macht es für viele so schwierig. Eine zusätzliche Herausforderung ist der Umgang mit Komplexität. Freiheit lässt sich nicht von Vielfalt trennen. Und Vielfalt beunruhigt alle, die mit Komplexität nicht umgehen können. Die darauf hoffen, dass man nur genug »simplifyen« oder »Komplexität managen« müsse und dann wäre auch der Durchblick wieder da. »Es liegt in der Natur der Sache, dass es nicht die Klügsten sind, die nach Vereinfachung und Reduktion rufen – und dass das, was dabei herauskommt, in keinster Weise zufriedenstellend ist«, schreibt Wolf Lotter bissig.

Natürlich erwischen uns die explosionsartig gestiegenen Wahlmöglichkeiten auf dem falschen Fuß. Denn in den letzten paar zehntausend Jahren waren ganz andere Qualitäten von uns gefordert! Über weite Strecken unserer Geschichte regierte die Knappheit. Das bedeutete, dass wir gerade *nicht*

33

mit zig Wahlmöglichkeiten konfrontiert waren. Und die paar Entscheidungen, zu denen wir durch die Umstände gezwungen waren, betrafen Fragen wie: Sage ich Ja oder Nein? Nehme ich die Herausforderung an oder lehne ich sie ab? Mach ich es oder mach ich es nicht? Gehe ich drauf zu oder gehe ich davon weg?

Um diese dualen Entscheidungen treffen zu können, entwickelten wir im Laufe von vielen Generationen eine geradezu geniale Fähigkeit: Ein gutes Gefühl oder ein schlechtes Gefühl gegenüber einer Sache zu empfinden. Das Gefühl von Gut oder Schlecht stellt sich in einer Entscheidungssituation blitzschnell ein und damit war die Sache klar. Davon hing das Überleben ab. Für die nuancenreiche Optionsvielfalt dagegen, die heute über uns hereinschwappt, sind wir biologisch gesehen eine totale Fehlkonstruktion. Jetzt müssen wir über den Umweg rationaler Argumente eine Wahl treffen. Wir müssen uns plötzlich unsere eigenen Werte und Prioritäten bewusst machen. Und sie dann bewerten. Und dann entsprechend diesen Werten handeln. Und dabei bleibt in vielen Fällen statt einem klaren Gut- oder Schlecht-Gefühl ein komisches, merkwürdiges, diffuses, unangenehmes Gefühl zurück: Jede Entscheidung für eine Option ist plötzlich eine Entscheidung gegen zig andere! Das ist nicht nur ein Dilemma, das ist ein Multilemma. Denn viele der etlichen Absagen, die mit der einen Zusage zusammenhängen, wären doch auch hervorragende Alternativen! Wir greifen nicht zu, obwohl unser Gefühl sagt: Gut! Denn wir können und müssen uns für eine Option entscheiden.

Das ist nicht nur
ein Dilemma, das ist
ein Multilemma.

Und dann fühlen wir nicht die befreiende Wirkung der entschlossen getroffenen Entscheidung, sondern wir fühlen Druck. Unsicherheit. Zweifel. Es gibt keinerlei äußere Referenz, auf die wir uns berufen können, um diesen Druck, diese Unsicherheit, diesen Zweifel loszuwerden. Stattdessen liegt die Entscheidung alleine bei uns. Die Welt steht mit den Händen in den Hüften vor uns, wippt ungeduldig mit dem Fuß und sagt genervt: »Na, los! Es ist deine Entscheidung. Allein deine Entscheidung! Du musst doch wissen, was du willst!« Wissen wir aber nicht.

Völlig unvorbereitet

Wir haben einen Haufen Freiheit, aber keine Ahnung, was wir damit machen sollen.

Wer also sagt mir, was zu tun ist, wenn die tausend Optionen zentnerschwer auf meinen Schultern lasten und ich eigentlich nur alles falsch machen kann? Eine extrem schwierige Situation, für die wir kein natürliches Repertoire haben. Wir sind auf die heutige Zeit, deren Lebensumstände wir uns selbst so geschaffen haben, nicht gut vorbereitet, ja, wir sind überfordert. Es gibt einen klaffenden Spalt zwischen unserer Natur und unserer Kultur.

Der von Österreich in die USA emigrierte Ökonom Peter Drucker, einer der wichtigsten Management-Vordenker des 20. Jahrhunderts, formulierte es so:

> »In einigen Jahrhunderten, wenn die Geschichte unserer Zeit aus einer langfristigen Perspektive heraus geschrieben wird, werden die Historiker wahrscheinlich weder die Technologie noch das Internet oder den E-Commerce als wichtigstes Ereignis betrachten, sondern die großen Veränderungen der Lebenssituation. Zum ersten Mal hat eine erhebliche, schnell wachsende Zahl von Menschen die Freiheit zu wählen. Zum ersten Mal müssen sie sich selbst managen. Und darauf ist unsere Gesellschaft in keiner Weise vorbereitet.«

Drucker hat das Kernproblem, das uns dazu veranlasst hat, dieses Buch zu schreiben, exakt auf den Punkt gebracht. Die Frage, die uns umtreibt, ist: Warum ist das so? Warum sind wir so schlecht auf unsere multioptionale, freiheitliche Welt vorbereitet? Fahrrad fahren und Englisch sprechen haben wir doch auch nicht in den Genen – aber durch kulturelles Lernen können wir beides sehr gut. Wo ist also die Wurzel des Problems? Und wenn wir diese Wurzel finden, dann haben wir vielleicht eine brauchbare Lösung ...

2
Zum
Ja-Sagen erzogen

Warum sich Wahlfreiheit und Optionsvielfalt für viele Menschen überhaupt nicht gut anfühlen, lässt sich in erster Näherung recht einfach sagen. Aber wie das oft so ist bei den vermeintlich einfachen Dingen des Lebens – es wird komplexer, je genauer wir es betrachten.

Englisch steht in der Schule auf dem Lehrplan und strömt aus den Lautsprechern via Rock und Pop tagtäglich auf uns ein. Wir schwimmen sozusagen in Englisch, also beherrschen fast alle Englisch mehr oder weniger gut als erste Fremdsprache. Und fast jedes Kind bekommt zu irgendeinem Geburtstag oder zu Weihnachten ein Fahrrad geschenkt – von den Eltern oder vom Patenonkel oder den Großeltern – und lernt dann völlig selbstverständlich, sich auf zwei Rädern zu bewegen.

Englisch sprechen und Fahrrad fahren gehören zur Alltagskultur. Und deshalb kann das auch jeder einigermaßen gut. – Entscheidungen selbstverantwortlich treffen, Prioritäten setzen und im Dschungel der Möglichkeiten zurechtkommen, dafür sind wir genetisch weder besser noch schlechter geeignet als fürs Englischsprechen und Fahrradfahren, doch ausgerechnet das lernen wir NICHT! Unser Bildungssystem, unsere Gesellschaft und auch die Kultur der Zusammenarbeit in Unternehmen erziehen uns von klein auf und das ganze Leben lang zum Gegenteil. Wie viel Entscheidungsfreiheit verbleibt noch bei der Arbeit oder im Privaten? Wie viele Stunden am Tag reagieren wir nur? Und wo entscheiden wir tatsächlich?

Miriam Meckel, Chefredakteurin der Wirtschaftswoche, hat unseren paternalistisch vorgestanzten Alltag pointiert zusammengefasst: »Bürger von Deutschland zu sein ist wie betreutes Wohnen. Wir scheinen auf dem Niveau von Kleinkindern unterwegs zu sein, sonst müsste man nicht alles bis ins Detail vorschreiben. Vieles wird uns abgenommen, manches auch aus der Hand, obwohl wir es in selbiger behalten wollen.«

En Miniature

38 In unserem Buch *Hört auf zu arbeiten!* haben wir ausführlich analysiert, wie tief unser Bildungssystem und unsere Arbeitswelt geistig-konzeptionell noch im Fabrikzeitalter stecken – und was die Folge davon ist. Deshalb wollen wir das nicht wiederholen, sondern nur kurz gefasst eine Ergänzung hinzufügen.

Im Fabrikzeitalter wurden Menschen immer dann eingesetzt, wenn Maschinen einen bestimmten Arbeitsschritt nicht kostengünstig oder technisch befriedigend erledigen konnten. Die Integration des Menschen in die Maschinerie war die logische Konsequenz der Arbeitsteiligkeit und das Erfolgsrezept dieser »Modernen Zeiten«. Und wer wie ein perfektes Zahnrad fürs Getriebe eingesetzt wird, verhält sich auch so: Er funktioniert. Und er reagiert genauso wie geplant. Auf den normierten Reiz folgt die normierte Reaktion in einem normierten Leben. Für die Arbeiter damals war das nicht unbedingt eine schlechte Sache. Die Plackerei in der Fabrik war immerhin ein bisschen besser als die Plackerei auf dem Feld, denn die Fabrikarbeit war eine halbwegs anständige Arbeit, für die es im Gegenzug einen geregelten Lohn und in vielen Fällen auch ein Dach über dem Kopf in Form einer Werkswohnung gab. Das war ein einfaches Tauschgeschäft, in dem so etwas wie Wahlfreiheit den lieben langen Tag über schlicht nicht vorgesehen war.

> So überfordert wie ein Höhlenbewohner in der freien Steppe.

Das Fabrikzeitalter förderte mit bemerkenswertem Erfolg einen Mitarbeitertypus, der fleißig, effizient und passgenau funktionierte und sich ins System einpasste. Entschiedenheit? Kein Wert, sondern ein Handicap. Persönlichkeitsentfaltung? Allenfalls im Miniaturformat als geregelte

Entfaltung für die Eingefalteten. Wer dabei an Bonsaikunst denkt, liegt nicht falsch: Indem die Wurzeln und Zweige gekürzt und das Bäumchen mit Drähten in die gewünschte Form gebracht wird, kann aus einem Zögling, der ansonsten wild und frei wuchern würde, ein adrettes Pflänzchen gemacht werden, das dem perfekten Bild eines Baumes entspricht, nur eben *en miniature*. So ein Bonsaibäumchen erfüllt seine Bestimmung: Die Beherrschung der Natur nach dem Willen des Bonsaigärtners.

Das muss im 21. Jahrhundert zwangsläufig misslingen.

Das Denken des Fabrikzeitalters – der Einzelne als Zahnrad im Getriebe – passt einfach nicht mehr zu den Entwicklungsschritten von Wirtschaft und Gesellschaft. Wenn Unternehmen heute unter mangelnder Verantwortungsübernahme, unflexiblen Strukturen, fehlender Kreativität, lahmender Innovationskraft und erodierender Motivation der Mitarbeiter leiden, dann liegt das auch daran, dass die via Sozialisation passend gemachten Nicht-Entscheider in der heutigen Arbeitswirklichkeit so überfordert sind wie ein Höhlenbewohner in der freien Steppe.

Allerhöchste Zeit also, darüber nachzudenken, welchen Gebrauch wir von unserer Wahlfreiheit machen wollen.

40

Das erfordert eine Umorientierung. Weg von der extrinsischen Ausrichtung »Wie soll ich funktionieren?« hin zur intrinsischen »Welchen Wert kann und will ich beitragen?«

Aber dazu müssen wir lernen, mit unserer Wahlfreiheit zurechtzukommen. »Welcher der vielen Wege ist der richtige für mich?« ist eine der wichtigsten Fragen überhaupt. Für deren Beantwortung ist eine Sache essentiell: Orientierung.

Wiktionary erklärt den Begriff als »*das Sich-zurecht-Finden der eigenen Person in Raum und Zeit, das Sich-Verschaffen eines Überblickes, auch in unübersichtlichen Situationen, die grundlegende Bedingung für Handlungsfähigkeit*«. So weit, so gut – aber woher soll der Überblick kommen in einer Welt, die extrem unübersichtlich geworden ist?

Und wo anfangen? Unser Vorschlag: Am Anfang. In der Erziehung. Und in den Schulen. Und dann in den Betrieben. Denn das, was Peter Drucker als Unfähigkeit uns selbst zu managen bezeichnete, ist nicht gottgegeben, sondern anerzogen. Wenn Sie genau hinschauen, bedeutet Bildung in unseren Schulen, Universitäten oder Berufsschulen nicht lernen, sondern trainieren. Unsere Bildungskonzepte des 19. und 20. Jahrhunderts bilden nicht für das 21. Jahrhundert!

Eine Schule für die Durchschnittlichen

Dazu ist schon viel publiziert worden. Und wir sind davon überzeugt, dass die grundsätzliche Kritik am weitgehend reformresistenten Schulsystem auch in den nächsten Jahren nicht abebben wird. Exemplarisch möchten wir zwei Autoren hervorheben, die Kluges über unsere Schulen geschrieben haben.

Erstens Margret Rasfeld, die eine der innovativsten Bildungseinrichtungen der Hauptstadt, die Evangelische Schule Berlin Zentrum, leitet. In ihrem Buch *Schulen im Aufbruch* weist sie darauf hin, dass in Schulen genauso wie schon in den Fabriken zu Zeiten der Industrialisierung individuelle Arbeit durch kollektive Vorgaben ersetzt wurde. Im Falle der Schule insbesondere durch einen alles dominierenden, normierten Stundenplan, durch den alle Schüler in den exakt gleichen Zeiträumen, völlig unabhängig von Stärken, Schwächen, Veranlagungen oder Stand des Könnens oder Wissens, ein und denselben »Lernstoff« vorgeschrieben bekommen. Alle müssen die exakt gleichen »Klassenziele« im gleichen Tempo erreichen, alle erhalten den exakt gleichen Unterricht, in dem der Stoff »durchgenommen« wird.

»Aber es geht doch um Gerechtigkeit!«, rufen die Verteidiger des Systems. »Bloß kein Zweiklassen-Bildungssystem!« – Dabei geht es ihnen ja gerade *nicht* um Gerechtigkeit, also darum, dem einzelnen Schüler gerecht zu werden, sondern es geht ihnen um Gleichheit: um Vereinheitlichung, um gleiches Tempo für alle. Das Ergebnis: Nivellierung am unteren Ende – aber dann stimmen zumindest die Abiturientenzahlen wieder.

Gelernt wird für den nächsten Test. Geübt wird mit vorgefertigten Arbeitsblättern, deren Lösungen festgeschrieben sind. Leistungsdruck und Standards werden durch permanente Lernkontrollen und Vergleichstests aufrecht erhalten. Es wird absichtlich keine Zeit gelassen für kreative Einfälle, spontane Interessen von Schülern, Umwege, Querwege, Freiraum, Querdenken, Experimentieren. Das würde nur das plangemäße Erreichen der Lernziele stören.

Dabei geht es ihnen ja gerade NICHT um Gerechtigkeit, also darum, dem einzelnen Schüler gerecht zu werden!

»Der heimliche Lehrplan«, so Rasfeld, »heißt: ›Tu, was dir aufgetragen wird.‹ Auf diese Weise wird ein innovationsfeindlicher Erfüllergeist geprägt.«

Ein guter Schüler hat gelernt, das Schulspiel zu spielen. »Die am höchsten bewertete Tugend im konventionellen deutschen Schulsystem ist Konformität«, schreibt Rasfeld. »So erleben sich Schüler als Objekt von Belehrung statt Subjekt eigener individueller Lernprozesse.«

Mit anderen Worten: Sie praktizieren Tag für Tag, Woche für Woche, Jahr für Jahr, den Entscheidungen, die andere für sie getroffen haben, zu folgen. Welches Fach, welche Inhalte, welche Antwort auf welche Frage, wann und wie – alles ist für jede einzelne Minute vorgegeben.

Die eigene Entscheidungsfindung, das Sondieren von Möglichkeiten, das Ausprobieren, das Tragen von Konsequenzen aus den eigenen Entscheidungen, das Priorisieren – all das steht leider nicht im Lernplan.

Doch das sind genau die Fähigkeiten, die wir in der modernen Wissensgesellschaft brauchen. Na klar, im Fabrikzeitalter war es ausreichend, Menschen nach standardisierten Kriterien im Gleichschritt auszubilden. Das Ziel war Austausch-

43

barkeit. Nicht nur das Ergebnis der Arbeit war austauschbar, sondern auch die Menschen, die diese Arbeit ausführten. Das gilt auch heute noch für Routinejobs. Aber überall dort, wo es um kreatives Problemlösen geht und darum, neue Dinge aktiv voranzubringen, werden Menschen gebraucht, die sich mit all ihrem Wissen, ihrer Kreativität und Leidenschaft einbringen – und nicht nur mit bravem Erfüllergeist.

> Die Leistungsnachweise testen lediglich die Testintelligenz des Schülers.

Der zweite Autor, auf den wir hinweisen möchten, ist Richard David Precht mit seinem Buch *Anna, die Schule und der liebe Gott*. Er kritisiert, dass die normierende Schule, bei der Gleichheit als Prinzip vorherrscht, und eben gerade nicht Gerechtigkeit, zwangsläufig diejenigen Schüler überfordert, die nicht mitkommen und gleichzeitig andere Schüler langweilt und frustriert. »Nur die Durchschnittlichen kommen halbwegs auf ihre Kosten.« Die Folge: Begabungen liegen brach. Kreativität und Initiative verkümmern.

Die Leistungsnachweise, die durch Klausuren, Prüfungen oder Zeugnisse ausgegeben werden, testen lediglich die Testintelligenz des Schülers, sagen aber nichts darüber aus, ob der Schüler herausfordernde Probleme finden und interessante Lösungen ausdenken kann, sich in für ihn wichtigen Feldern weiterentwickelt hat, neue Ideen hervorgebracht und Initiative und Entschiedenheit oder Einfallsreichtum gezeigt hat. Stattdessen erziehen die schulischen Test- und Kontrollverfahren die Kinder dazu »Kapitalisten ihrer selbst zu sein

44

und Aufmerksamkeit nur auf das zu lenken, was sich auszahlt«, so Precht.

Dabei wäre Schule, wenn sie denn in die Zeit passte, doch eigentlich ein Ort, an dem Kinder und Jugendliche lernen, sich in der Welt zurechtzufinden und mit sich selbst klarzukommen. Genau das aber funktioniert heute nicht mehr, wenn alles Eigene, Individuelle, Aus-dem-Rahmen-Fallende unterdrückt wird. Die Optionen sind viel zu unübersichtlich, zu unvorhersehbar und viel zu zahlreich, als dass wir mit der Anpassungsstrategie und den normierten Verhaltensschemata, die in den Lehranstalten trainiert werden, zurechtkämen. Hätten wir doch bloß gelernt, die Möglichkeiten zu sortieren, zu beurteilen und dann an der richtigen Stelle Nein zu sagen.

Finde es selbst heraus!

Können Eltern das kompensieren? – Zum Teil mit Sicherheit. Wenn Eltern eine gute Beziehung zu ihren Kindern haben und selbst individualistisch, entschlossen und selbstbestimmt leben, können sie durch ihr Vorbild einen Kontrapunkt zur Schule setzen. Aber das Gegenteil ist leider oft der Fall: Die Kinder der »Generation Klettverschluss« werden künstlich kleingehalten und durch Übermutterung und Übervaterung gehemmt und eingeschränkt. Die Welt wird für die Kinder watteweich ausgepolstert, weil die Eltern sich um sie sorgen.

Nicht nur etliche Studien belegen das. Schauen Sie sich einfach mal um, ob in Dörfern oder Städten: In unseren Kindertagen trieben wir uns nach der Schule draußen rum. Wir kletterten auf Bäume, erkundeten den Wald, bauten Verstecke, machten die Nachbarschaft unsicher. Wir können es bezeugen, denn wir waren dabei. Aber heute sehen Sie das nirgends mehr. Die öffentlichen Spielplätze sind oft verwaist. Stattdessen gibt es morgens Staus vor der Schule, weil die Zufahrtswege gar nicht auf so viele Elterntaxis ausgerichtet sind. Abhilfe bei der Stauproblematik könnte die Drive-In-Schule schaffen mit breiten, SUV-tauglichen Fahrwegen innerhalb der Schulgebäude bis direkt vors Klassenzimmer. Das würde vieles vereinfachen und sehr, sehr sicher machen! Und – jede Wette – das kommt noch.

Eltern, die ihren Kindern zutrauen, den Schulweg alleine zu bewältigen? Eine aussterbende Spezies! Und wer hier womöglich halblaut vor sich hin murmelt, dass es im Interesse der Kinder sei, Dinge allein zu können und den Schulweg zu meistern, bekommt die ganze Verve der modernen Kampfmutter zu spüren. Flugs wird das Argument abgebügelt mit einem vorwurfsvoll geschmetterten »Haben Sie was gegen Kinder?!«.

Nein, wir haben nichts gegen Kinder, sondern nur gegen deren Überbehütung. Wenn Kinder früher das elterliche Nest am Nachmittag verließen, um herumzustromern, dann waren sie einfach weg, bis sie abends wieder da waren. Das hat unseren Eltern nicht sonderlich den Puls nach oben getrieben. Doch heute hat so gut wie jedes Kind ein Smartphone – es fehlt eigentlich nur noch der eingepflanzte Chip mit GPS-Geotracking. Selbstverständlich nur wegen der Sicherheit!

»Haben Sie was gegen Kinder?!«

Wenn Kinder nonstop unter der fürsorglichen Belagerung ihrer Eltern stehen, wenn sich Eltern und Lehrer regelmäßig zu sorgenvollen Elterngesprächen treffen, um über das Verhalten des Kindes zu diskutieren, wenn die Eltern mit zur Berufsberatung und zur Orientierungsveranstaltung in der Universität gehen, weil sie die Neigungen ihres Kindes besser zu kennen glauben als das Kind selbst, dann verwundert es nicht, dass für jene in Watte gepackten Kinder die Zumutungen des Lebens ein Schock sind.

Weshalb sollte jemand, der nie für sich selbst kämpfen musste, eine Notwendigkeit darin erkennen, ausgerechnet während der Schulzeit oder des Studiums damit zu beginnen?

Und wie soll man später im Leben eine durchdachte Entscheidung treffen und wissen, wozu man Ja sagt und wozu Nein, wenn einem der Prozess der Entscheidungsfindung vollkommen fremd ist?

Eltern, die ihrem Kind Entscheidungsfreiheit lassen, sind heutzutage Exoten. So wie die Eltern von Jack Andraka aus Crownsville in den USA. Im Alter von nur 15 Jahren gewann Jack einen der renommiertesten Wissenschaftspreise, dotiert mit 75 000 Dollar. Womit? Der Teenager hatte einen Urin-Teststreifen entwickelt, mit dem man Krebserkrankungen nachweisen kann – 26 000 Mal kostengünstiger, 90 Prozent zuverlässiger und 168 Mal schneller als jedes andere bis heute bekannte Verfahren. Eine medizinische Sensation!

Ganze Fakultäten waren an dieser Aufgabe bislang gescheitert. Und von 200 Professoren, die er bat, in deren Labors seine Erfindung testen zu dürfen, schickten ihm 199 Absagen, weil sie die Tragweite seiner Idee nicht verstanden – oder schlicht nicht glauben konnten, dass ein Jugendlicher wirklich ernsthafte medizinische Forschung betreiben kann.

Das Spannendste an dieser Geschichte ist aber, was die Eltern des Wunderkinds Jack über ihren Sohn sagen. Auf die Frage, wie sie sich sein Genie erklärten, sagten sie trocken: »Schon als er drei war, haben wir uns geweigert, seine Fragen zu beantworten. Wir haben stattdessen gesagt: ›FINDE ES SELBST HERAUS!‹«

Wo Selbstbestimmung draufsteht ...

Dass wir die Eltern von Jack Andraka feiern, wirft einen Schatten auf die Welt, in der all die Nicht-Jack-Andrakas aufwachsen. Im Unternehmen wird dieser Trend der fürsorglichen Belagerung fortgeführt. »Ein Übermaß an Zudringlichkeit« attestiert Managementautor Reinhard Sprenger den Unternehmen. In seinem Buch *Das anständige Unternehmen* kritisiert Sprenger die weit verbreitete »Ideologie der Übergriffe« in Unternehmen. Die Optimierung, die Vorsorge, die Fürsorge, die Transparenz haben vordergründig die Vernunft auf ihrer Seite und scheinen menschenfreundlich. Aber ihre Konsequenzen sind alles andere als das: Frei- und Gestaltungsräume gehen verloren, Grenzen werden überschritten, Unterschiede nivelliert und erfolgreiches Arbeiten wird erstickt.

Die Konsequenzen sind weitreichend und haben Auswirkungen auf die Entscheidungsfreiheit und die Entscheidungsfähigkeit von Menschen. Hat das Wort NEIN in Unternehmen überhaupt eine hohe Bedeutung?

Gibt es dort überhaupt so etwas wie ein echtes Wählen zwischen JA und NEIN?

Die Realität ist ernüchternd. Obwohl Frederick Winslow Taylor seit hundert Jahren tot ist, sind Kontrolle, Präzision, Disziplin und Anpassung immer noch die kanonischen Werte des Managements. Die Zeiten haben sich geändert, aber die mit dem Industriezeitalter verbundenen Regeln nicht wirklich. Obwohl viel von der neuen Arbeitswelt geredet wird, ist sie immer noch überwiegend eine Kopie der alten.

Nehmen wir beispielsweise die drei weit verbreiteten Überzeugungen, dass man erstens Menschen »managen« muss, weil sie grundsätzlich nicht selbstbestimmt agieren können. Der Mitarbeiter als orientierungsloses Wesen, das ohne Anweisung und Kontrolle sinnlos vor sich hin stoffwechselt. Außerdem zweitens, dass Mitarbeiter ein Kostenfaktor sind, der das Ergebnis des Unternehmens reduziert. Sowie drittens, dass Menschen vor allem durch Geld, Prestige, Bestrafung und Belohnung zu wünschenswertem Verhalten »motiviert« werden können.

Diese drei Prinzipien waren passend für ein Zeitalter, in dem Norm, Standard und Planbarkeit zu den Kernkompetenzen zählten. In der industriellen Massenproduktion wurde oben gedacht und unten gemacht.

Das war einmal. Heute ist ein Unternehmen nur dann überlebensfähig, wenn jeder Einzelne mitdenkt, Verantwortung übernimmt und die gemeinsamen Ziele vorantreibt. Wenn es Ziel ist, nicht nur Mit-Arbeiter, sondern auch Mit-Denker im Unternehmen zu haben, die gemeinsam an der Zukunftsfähigkeit des Betriebs arbeiten, braucht es eine Führung, die Freiraum gewährt und selbstverantwortliches Arbeiten ermöglicht.

Der Fairness halber muss gesagt werden, dass viele der neuen Herausforderungen, mit denen die Unternehmen im 21. Jahrhundert konfrontiert werden, von den Führungskräften durchaus erkannt worden sind. Hier und da gibt es auch schon ernstzunehmende Versuche der Erneuerung der Führungsmethoden. Doch das gleicht eher einem Stopfen von löchrigen Socken. Es werden eher einzelne Innovationsprojekte initiiert, anstatt Organisationen aufgebaut, in denen es tatsächlich Freiraum gibt und Eigeninitiative als hoher Wert angesehen wird.

Doch das gleicht eher einem
Stopfen von löchrigen Socken.

In der Außendarstellung werden zwar offiziell »Gestalter« und »Entscheider« gewünscht und gesucht, tatsächlich aber werden die Angepassten belohnt. Das fängt schon bei der Einstellung an. Bewerber mit Ecken und Kanten haben es schwer. Wer nicht in das Schema des wie geklont wirkenden Jungdynamikers passt, kann ziemlich schnell wieder einpacken. Wen verwundert es da, wenn auf den Rekrutierungsmessen, auf denen landauf und landab die etablierten Unternehmen mit bekannten Namen nach den jungen Talenten suchen, immer wieder der gleiche Typus Bewerber reüssiert: Junge Männer und Frauen in grauen Businessanzügen mit straffem Karriereschritt, brillanten Noten und Auslandserfahrung, die einstudierte Antworten absondern. Man bekommt das, wonach man fragt. So einfach ist das.

Menschen, die nach dem Schema F wie Fremdbestimmung funktionieren, sind immer noch gefragt, auch wenn vielen Unternehmen längst klar ist, dass es so nicht weitergeht. Weder mit der Karriere in planbaren siebenkommafünf Schritten noch mit dem Typus Mitarbeiter, den ein solches System kultiviert.

Kleine Fluchten aus der Fremd- in die Selbstbestimmung wie der Casual Friday, an dem die sonst übliche Geschäftskleidung gegen legere Freizeitkleidung getauscht wird oder der gelegentliche Home Office Day sind da mehr Pflaster als Lösung. Nicht überall, wo Selbstbestimmung draufsteht, ist auch Selbstbestimmung drin. Oberstes Ziel der Führung in vielen Unternehmen ist immer noch, reibungslose Abläufe zu sichern. Menschen, die nach Schema F agieren, sind in solchen Systemen karrieretauglich und erfolgreich. Dann darf man sich allerdings auch nicht darüber wundern, dass die resultierende Uniformität zu Gruppenkonformismus und intellektueller Verstopfung führt.

Um dem entgegenzuwirken, heißt es dann: »Leute, neue Ideen müssen her! Also los jetzt, nicht nur immer Schema F, sondern auch mal querdenken und neue Wege gehen!« – Hä?! Wie soll das funktionieren?

51

Das Leben ist kein Wunschkonzert ...

Kein Wunder, dass sich viele Menschen mit selbstbestimmten Entscheidungen schwertun und lieber auf der Vorstellung beharren, dass Fremdbestimmung eben doch besser – oder zumindest sicherer – ist. Ist doch einfacher, wenn mir jemand sagt, wo es langgeht. Bei der Arbeit sagt mir der Chef, was ich zu tun und zu lassen habe und in den anderen Lebensbereichen gibt es ja den Staat, der für uns denkt und lenkt und für uns sorgt. Aber was, wenn Chef und Staat auch nicht mehr wissen, wo's langgeht? Das löst Unsicherheit, Zweifel und diese merkwürdige Lebensentscheidungsunfähigkeit aus.

Ein Bekannter von uns arbeitet bei einem Maschinenbauer, der von einem chinesischen Multi gekauft worden ist. Seitdem geht es noch etwas strenger zu. Aber er kommt damit gut zurecht.

> Aber was, wenn Chef und Staat
> auch nicht mehr wissen, wo's langgeht?

Zwar ist er offiziell Führungskraft, aber wenn wir ihn über seine Tätigkeit reden hören, sehen wir immer eine ausführende Hand vor unseren Augen. Jemand, der sehr fleißig und gewissenhaft abarbeitet, was ihm von oben vorgegeben wird.

Kurz nach der Übernahme wurde er nach Shenzen ins Training gesteckt. Dort saß er zwischen lauter Chinesen, die alle kein Englisch konnten (oder können wollten). Auch die Kursleiter sprachen alle nur chinesisch. Er aber nicht! Also saß er dort herum und wusste nicht, was er tun sollte. Eine Woche lang ging das so. Er ertrug es einfach.

Diese Geschichte ließ uns keine Ruhe. Als er neulich bei uns zum Abendessen war, wollten wir ihn nochmal darauf ansprechen. Als er hereinkam, sah er ein bisschen aus wie ein Schluck Wasser in der Kurve. Er stand unschlüssig herum.

»Setz dich doch!«

»Wohin?«

»Na, komm, setz dich hierher!«

»Okay.«

»Willst du Bier oder Wein?«

»Egal. Was ihr trinkt.«

Wir aßen und plauderten. Dann fragte ihn Peter, ob es ihm geschmeckt habe.

»Mhm.«

Wir schauten uns an und dachten: Er weiß es nicht. Er weiß nicht, ob es ihm geschmeckt hat oder nicht.

Wir hielten das Gespräch am Laufen: »Und, wie war's bei der Arbeit?«

»Ach, ja.«

»Was, ach ja! Gut oder schlecht? Wie ist es mit den Chinesen?«

»Na, ja. Es hat seine gute Seiten und seine schlechten Seiten. Das kannst du so oder so sehen.«

Er würde nie und nimmer sagen: Es läuft beschissen! – Er hat vielmehr die Kunst entwickelt, im Leben allen Festlegungen und daraus resultierenden Entscheidungen klug vorzubauen. So dass er nie in die Verlegenheit kommt, jemals für oder gegen etwas zu sein.

53

Im Zweifelsfall sagt er: »Na, ist halt so. Das Leben ist kein Wunschkonzert. Und woanders ist auch nicht alles Gold.«

Mit dieser Haltung befindet er sich in bester Gesellschaft. Die Welt ist voller Menschen, die plausibel darlegen können, warum sie eigentlich gar nicht entscheiden können. Warum sollte man sich auch Gedanken über das eigene Leben machen, wenn man ohnehin nichts ändern kann?

Sie sollen machen, wofür Sie bezahlt werden!

Das tiefe Nachdenken über sich selbst und die damit verbundenen Fragen auszublenden, ist eine wirksame Maßnahme, um reibungsloser zu funktionieren und besser in ein System zu passen, in dem die goldene Mitte die Rennstrecke zum Erfolg ist. Wer es wagt, am Rand unterwegs zu sein, läuft Gefahr, mit der Umgebung zu kollidieren. In der Mitte hingegen ist man im Kreis vieler Gleichgesinnter immer gut gepuffert. Also mach', was von dir erwartet wird und alles wird gut! Selbst denken, handeln und entscheiden ist etwas, das nur unter Druck stattfinden darf; freiwillig geht das nicht. Die Welt hat sich zwar seit dem Ende des Industriezeitalters gewaltig weitergedreht, aber viele stecken immer noch in den alten Denkbahnen fest.

Übertrieben? Fragen Sie doch einfach mal Menschen in großen Unternehmen und Konzernen: Im Vergleich zu vor

54

fünf oder zehn Jahren – darfst du deine Tätigkeit freier gestalten? Mehr eigenständig entscheiden? Hast du einen größeren Spielraum bei der Wahl der Tätigkeitsbereiche oder wie du bestimmte Aufgaben erledigst?

> Wer aber Zäune um Menschen baut, der bekommt Schafe.

In den meisten Fällen wird die Antwort ein klares »nein, ganz im Gegenteil« sein. Bezahlt wird man dafür, dass man tut, was einem aufgetragen wird. Regeln-Verbote-Anweisungen-Kontrollsysteme-Leitlinien-Standards-Audits-Genehmigungs-und-Aufsichtsverfahren-Vorschriften-zu-Compliance-und-zur-Corporate-Governance-Vorgaben-für-die-Anwendung-der-EU-Vorschriften-und-so-weiter-und-so-fort.

Der Kollateralschaden der monströsen Regulierungswut in Wirtschaft und Gesellschaft ist groß. Je enger das Korsett aus Vorschriften, Regeln, Verboten und Anweisungen, desto weniger denken Menschen darüber nach, was richtig und was falsch ist. Sie ordnen sich schlicht den Vorgaben unter. Ein dichtes Regelwerk erzieht Menschen dazu, Regelbefolger zu werden. Wer aber Zäune um Menschen baut, der bekommt Schafe.

Und plötzlich sollen diese Schafe – pardon, Menschen – weil es die Realität in der Wirtschaft von ihnen verlangt, über sich selbst nachdenken und als Ergebnis Entscheidungen treffen, Grenzen ziehen und die Konsequenzen tragen?

3

Nur mal kurz
das Leben verpfuscht

Wir haben die materiellen Voraussetzungen für so vieles, aber was machen wir jetzt damit? Möglichkeiten sondieren, ausprobieren, die Konsequenzen aus den eigenen Entscheidungen tragen, selbstbestimmt agieren – oder sich einfügen und darauf hoffen, dass irgendwer anders den Plan hat?

Viele Menschen nehmen die äußere Freiheit sehr wohl positiv wahr, sind aber innerlich dennoch nicht bereit, die Freiheit wirklich für sich zu nutzen. Als ob sie vor der Speisekarte des Lebens säßen und es gar nicht erst schafften, irgendeine Wahl zu treffen.

Wie kann es sein, dass sich Freiheit oft wie etwas Negatives, Belastendes und Blockierendes anfühlt? Das scheint doch ein Widerspruch in sich zu sein.

Blödes Silbertablett!

Dieser scheinbare Widerspruch lässt sich nur verstehen, wenn wir die innere Freiheit von der äußeren Freiheit differenzieren: Der geschilderte, historisch einmalige Freiheitszuwachs betrifft die *äußere Freiheit*. Also den neuzeitlichen Zuwachs an Freiheit von sozialen Zwängen durch die Abwesenheit eines engen Korsetts aus Abhängigkeiten. Heute gehört das zum Leben in einer pluralistischen Gesellschaft dazu. Hingegen ist es die *innere Freiheit*, die sich häufig so belastend anfühlt. Die wir uns selbst erst einmal zugestehen müssen, um sie anschließend zu nutzen, um unser Leben in die Hand zu nehmen und es zu gestalten.

Ein Gespräch mit einem Freund, der Chef einer Werbeagentur ist, hat uns diese Widersprüchlichkeit deutlich vor Augen geführt. Er hatte schon seit längerem geplant, die Präsenz im chinesischen Markt zu stärken und sich nach einem passenden Kooperationspartner in Hongkong, Peking oder Shanghai umgesehen. Idealerweise hatte auch eine seiner besten Mitarbeiterinnen seit Jahren immer wieder allergrößtes Interesse bekundet, eine Führungsrolle beim Aufbau der asiatischen Präsenz zu übernehmen. Insofern waren sowohl strategisch wie auch personell die Weichen gestellt, nur die passende Gelegenheit fehlte.

Ende letzten Jahres war diese Gelegenheit nun gekommen. Ein Partner in Hongkong war gefunden und es konnte losgehen.

Wie überrascht waren wir, als wir von unserem Freund hörten, dass er leider keine Führungskraft aus dem deutschen

57

Office finden könne, die den Aufbau der chinesischen Reprä-
sentanz begleiten wolle. Auf unsere Frage, was denn aus den
Plänen seiner begeisterten Mitarbeiterin geworden sei, ent-
gegnete er mit einem genervten Augenrollen: Ja, er sei auch
davon ausgegangen, dass das eine ausgemachte Sache sei –
aber leider sei ihre Begeisterung für Asien ganz plötzlich
erkaltet. Ja, sie habe zwar fest geplant nach Hongkong zu ziehen, wenn sich die Gelegenheit ergäbe, nun aber eiere sie rum
und mache es wahrscheinlich nicht ... Ihr Mann habe gerade
erst im letzten Jahr einen neuen Job angefangen, außerdem würden ihre Eltern ja auch nicht jünger, ... kurzum: Die
Umstände wären einfach nicht richtig. Vielleicht in ein paar
Jahren, wenn, ja wenn ...

> Und jetzt kam das Schicksal
> sogar mit dem Silbertablett vorbei.
> Fantastisch!

Das ist irre! Tatsächlich hätte in den Jahren zuvor nichts und
niemand diese Mitarbeiterin zurückhalten können, nach
Hongkong zu ziehen, wenn sie es denn wirklich gewollt hätte.
Und jetzt kam das Schicksal sogar mit dem Silbertablett vorbei. Fantastisch!

Doch sie sagte: Na, ist ja super, dass das Silbertablett da ist.
Aber ich kann nicht. Und ich weiß nicht. Und die Umstände.
Und überhaupt ...

Warum nicht? – Aus Angst an dieser Weggabelung des
Lebens eine Fehlentscheidung zu treffen. Aus Angst davor,
sich in Asien doch nicht so wohl zu fühlen. Den Job zu riskie-

ren. Die Partnerschaft zu belasten. Und was werden die Eltern sagen? Es stimmt ja auch: Sie weiß nicht, was diese Lebensveränderung ihr bringen würde.

Dieses Dilemma ist gegenwartstypisch. Die Kontinuität, die noch vor einer Generation im Berufsleben herrschte, ist verloren. Die soziale Stellung, die Familientradition, das Umfeld, das einst einen festen Rahmen dafür lieferte, was möglich war und was nicht, hat seine Bedeutung eingebüßt. Und plötzlich ist alles nicht mehr so einfach. Einerseits haben sich unsere Möglichkeiten vervielfacht, andererseits ist das Leben auch komplexer und unüberschaubarer geworden. Je unübersichtlicher alles wird, desto mehr wächst die Versuchung, das eigene Spektrum der Möglichkeiten von vornherein eng zu machen, anstatt eine Bandbreite an Möglichkeiten in Betracht zu ziehen.

Angesichts der Vielfalt der Optionen verlässt viele der Mut und man zieht sich auf die eigene Unfreiheit zurück. Das spart Energie und reduziert die Komplexität des Lebens, denn die Irrungen und Wirrungen der Suche nach dem für mich richtigen Weg werden aus meinem Leben kurzerhand komplett herausgekürzt.

In der Konsequenz sehen wir eine Lebenshaltung, die sich dadurch auszeichnet, dass Menschen nicht entscheiden, sondern entscheiden lassen.

Die äußeren Faktoren, argumentativ aufgeschichtet als Mauer an Hindernissen, Einschränkungen und ungünstigen Umständen, werden dominant in den Vordergrund gerückt. Dadurch lässt sich – mit einer Kaskade von vorgeschobenen Argumenten abgesichert – der qualvolle innerliche Grenzübertritt vom Ja-Gebiet ins Nein-Gebiet oder umgekehrt vermeiden.

Hätte sie gesagt: »Ja, ich will zwar nach Asien, aber nein, ich habe Angst vor den Konsequenzen.« Oder: »Ich habe mich entschieden, meine Prioritäten anders zu setzen: Ich sage Ja zu meiner Partnerschaft, die mir sehr wichtig ist und Nein zu Hongkong ... Ich bleibe hier.« – dann wäre es eine erwachsene Entscheidung gewesen. Eine solche Entscheidung trägt die Anerkenntnis in sich, dass es immer unsere Wahl, unsere Entscheidung und unser Leben ist. Nicht die Umstände bestimmen, sondern wir selbst.

Diese Form der Entschiedenheit erfordert nicht nur Gestaltungswillen, sondern auch Verantwortlichkeit. Das eine geht nicht ohne das andere. Und das macht die Sache so herausfordernd. Natürlich ist es der einfachere Weg, statt des verbindlichen Ja oder Nein die äußeren Faktoren durchzudeklinieren: Ich kann nicht. Die lassen mich nicht. Ich darf nicht. Es ist unvernünftig ... Das bietet die Möglichkeit, ein verbindliches Nein oder Ja zu umkurven. Wir könnten ja, wenn nur die Umstände anders wären.

Die innere Grenze ist die Angst. Die vorgeschobenen Gründe sind Symptome der Angstvermeidung. Das ist nachvollziehbar.

Dennoch sollten wir uns vor dem Denkfehler hüten, die inneren Grenzen für äußere Beschränkungen zu halten.

Denn so wird die Verantwortung für getroffene Entscheidungen negiert und die eigene Machtlosigkeit argumentativ ausgepolstert und inszeniert.

»Nichts ist unmöglich!«, singt der Werbe-Chor

Die Versuchung ist groß, die Freiheit so lange zurechtzukürzen, bis wir glauben, sie handhaben zu können.

Vielleicht ist es ja so, dass Menschen sich wohler fühlen, wenn sie eine konkrete Gebrauchsanweisung fürs Leben haben. Und da die schmerzlich vermisst wird, sind viele bereit, eine Fremdanleitung zu akzeptieren, die mit der Einschränkung von Freiheiten einhergeht.

»Das tut man!« – »Das tut man nicht!« – »So funktioniert das!« – »Davon lässt du besser die Finger!«

Deshalb ist alles, was Vereinfachung verspricht, so ungeheuer begehrt. Wer braucht schon Vielschichtigkeit und Komplexität? »Wir wissen, was gut für dich ist. Alles, was du tun musst, ist mitzumachen.« Also einsteigen, anschnallen und die Reise kann losgehen.

Genial! Plötzlich sind wir befreit von der Last eigener Entscheidungen. Wir müssen uns gar nicht mehr mit dem Auswählen, Abgleichen und Entscheiden quälen. Das wird im Sinne maximaler Convenience vom Chef, der Politik, »denen da oben« übernommen. Man muss sich nicht entscheiden und – das ist wirklich großartig – niemand ist verantwortlich!

Aber dafür ist eine Quittung fällig: Eine Ideologie der Simplifizierung, des einfachen Schwarz und Weiß, Richtig und Falsch verengt den eigenen weiten Spielraum zu einem schmalen Korridor. Also das genaue Gegenteil von Freiheit.

Hongkong
war ein Reinfall?
Selbst schuld!

Wäre es dann doch nicht besser, die innere Freiheit anzunehmen? Auch wenn sie uns zwingt, unser Leben ohne Vereinfachungshelfer selbst zu gestalten? – Oh je, das klingt verdammt nach Arbeit. Und was ist, wenn wir im Nachhinein feststellen, dass unsere Entscheidungen, die wir getroffen haben, doch nicht so toll waren?

Heißt das dann im Umkehrschluss, dass wir es nicht besser verdient haben, wenn wir unsere Ziele nicht erreichen?

Hongkong war ein Reinfall? Selbst schuld! – Der Lebenspartner ist ein Taugenichts? Du hast ihn ausgewählt, du bist für deine Misere selbst verantwortlich!

Ja, wir können morgen nach Neuseeland auswandern und dort Schafe züchten, wenn uns danach ist. Uns versperrt kein Meer an Möglichkeiten den Weg. Aber uns schreckt, dass wir die Dummen sein werden, sollte sich herausstellen, dass Schafe züchten in Neuseeland doch nicht so toll ist. Mitleid dürfen wir dann von niemandem erwarten.

Und dieses Zurückschrecken vor der Möglichkeit, unser Leben höchstpersönlich verpfuscht zu haben, begegnet uns heute plötzlich in allen Lebensbereichen:

Du hast kein Geld? Na, dann hast du ja offenbar was falsch gemacht! Du bist übergewichtig? Dann stopf' dich nicht dauernd voll! Du packst die extremen Zielvorgaben der Geschäftsführung mit deinem ausgedünnten Team nicht? Dann motivier' deine Leute mal richtig! Du schaffst es nicht, deinen persönlichen Olymp zu besteigen? Dann lern' gefälligst von den Siegertypen, die dir zurufen: Schau uns an! Es geht doch!

»Nichts ist unmöglich!«, singt dann noch der Werbe-Chor, »du musst es nur wollen!«

Dieses Seminar wird Ihr Leben verändern – garantiert!

Früher hing die eigene Freiheit von den vorgefundenen Möglichkeiten ab. Und die waren gegeben und kaum verhandelbar. Heute leben wir in einer Überflussgesellschaft. Das Wehklagen über das Zuviel ist seit Jahren das Top-Diskussionsthema des cordhosentragenden Bildungsbürgertums. Nein, wir werden hier nicht auf den Zug der Kritiker der Zuvielisation aufspringen. Und nein, wir predigen auch nicht mit Besserwissermiene die Tugenden von Verzicht und Askese. Es geht uns um etwas anderes: In einer Welt, in der die Vielfalt des Materiellen geradezu explosionsartig angewachsen ist, brauchen wir dringend einen guten Rat! Oder besser gleich eine sofort anwendbare Methode in 6,3 Schritten. Oder noch besser: Eine komplette Gebrauchsanweisung!

Eine ganze Ratgeberindustrie lebt genau davon und verspricht schnelle - einfache - praktische - sofort - anwendbare - hochglanz - imprägnierte - vakuumierte - homogenisierte Lösungen bei so grundsätzlichen Lebensfragen wie: Wie lebe ich? Was ist mein Weg?

63

Super Deal!
Für Intelligenzallergiker
mag das ausreichen.

Der moderne Mensch quatscht sich nicht einfach mal mit dem besten Freund oder der besten Freundin aus – nein, er hat einen Lebensberater, Energiearbeiter, Life-Coach, professionellen Mutmacher oder was auch immer. Der Markt der Lebensorientierungen ist ein Wachstumsfeld allererster Güte für Dienstleister aller Couleurs und Klassen. Lassen Sie uns hier ganz einfach die schamgrenzenlosen Aufmerksamkeitsheischer ignorieren, die versprechen, dass ihr Power-Day »dein Leben radikal verändert« oder dass ihre Selbsthilfe-Bibel den Weg zu »Liebe, Glück und der ersten Million in nur zwölf Monaten« verrät. NEE … ECHT?

Uns überrascht, dass diese grotesken Versprechen offenbar nicht abschrecken, sondern die Hoffnung des dankbaren Publikums auf Persönlichkeitsentwicklung, Glück und Erfolg per Patentrezept eher noch nähren. Leicht konsumierbare Methoden und Lehren, angereichert mit Checklisten, Regeln und To-do-Listen, an die man nur glauben muss, und schon wird aus der Ente ein Adler. Das erspart das eigene Nachdenken und die oftmals mühsame Auseinandersetzung mit sich selbst. Super Deal! Für Intelligenzallergiker mag das ausreichen.

Die Suche nach Erfolgsmustern, Leitfäden oder Orientierungshilfen ist eine menschliche Konstante. Ebenso wie der suchende Blick auf andere Menschen, die vermeintlich wissen, wie es geht. Also schielen wir darauf, was die so machen. Lifestyle-Zeitschriften, Internet und soziale Netzwerke laden zum ständigen Vergleich ein. Wir sehen überall unglaublich schöne, unglaublich erfolgreiche und unglaublich perfekte Menschen, die uns in scheinbaren Schnappschüssen Einblicke in ihre wunderbare Welt gewähren. Natürlich ist das zu 99,9 Prozent inszeniert. Und wir wissen das. Aber dennoch schauen wir fasziniert auf die Insignien des Erfolgs und des Glücks: die täglichen Statusmeldungen aus dem Urlaub (man ist nicht da, um da zu sein, sondern, um den Moment in den sozialen Netzwerken zu teilen), das Essen im feinen Restaurant (der Bildbeweis, dass ich es mir leisten kann), die Wartezeit in der Senator-Lounge vor dem Abflug (Premium-Ego-Booster), die Schnappschüsse in Hamburg, Stuttgart und München (ein Auftrag jagt den nächsten), der Wochenendausflug mit dem Cabrio (#porschelifestyle). Gepostet wird, was leicht konsumierbar ist und zur erdachten Version des Selbst passt; alles andere wird aussortiert.

Es geht nicht um echte Schnappschüsse aus dem Leben, sondern um Image – also um das, wofür man gehalten werden will. Daumen hoch für die hochgeladene Demoversion des Selbst, inszeniert für das Publikum, das Glück, Erfolg und Abenteuer zu sehen glaubt … und es dann mit dem eigenen Leben vergleicht und feststellt: Dass du so wenig erfolgreich, so durchschnittlich, so langweilig, so unsexy und uncool bist, daran ist niemand anderes schuld als du selbst! – Denn dein Leben ist das Produkt deiner Entscheidungen. Herzlichen Glückwunsch!

Was bleibt? Ein tiefes Gefühl der Unzufriedenheit. Wir haben zwar mehr Freiheit und sehr viel mehr Optionen für unser Leben, aber gleichzeitig auch mehr Frust. Mehr innere Zerrissenheit. Eine größere Kluft zwischen Anspruch und Kompetenz.

Was tun? Müssen wir lernen so perfekt zu sein wie die unglaublich erfolgreichen Siegertypen, die sich in den sozialen Medien tummeln? Oder müssen wir lernen mit unserer Kleinhanselwurstigkeit klarzukommen? Oder müssen wir lernen, die Medien zu ignorieren? Oder müssen wir lernen den Tipps und Tricks der Reichen und Erfolgreichen besser zu folgen oder endlich bessere Gebrauchsanweisungen für das Leben zu finden?

Müssen wir lernen mit unserer Kleinhanselwurstigkeit klarzukommen?

Wie kommen wir mit diesem Druck besser klar? Wie funktioniert es? Was ist die Gebrauchsanweisung für ein Leben ohne Gebrauchsanweisungen?

Durch Nichtentscheiden kommen wir aus der Nummer nicht raus!

66 Selbst die alltäglichsten Dinge erfordern von uns heute eine höhere Entscheidungskompetenz als noch vor 20 Jahren. Ständig müssen wir uns entscheiden: für einen Telefon-, Internet-, Strom- und Gasanbieter, für einen von Millionen

Handy-Tarifen, für die »richtigen« Nährstoffe im Joghurt, die passende Altersvorsorge und, und, und. Also scrollen wir uns durch kilometerlange Listen in den Online-Vergleichsportalen, um die notwendigen Zutaten für die optimale Entscheidung zu finden. Aber egal wie viele Daten und Fakten wir inhalieren und wie viele Vergleichstabellen zu Rate gezogen werden, die Unsicherheit lässt sich schlicht nicht aus der Entscheidung herausrechnen. Sie ist die ständige Begleiterin jeder Entscheidung.

Das Leben ist ein einziges Risiko. Unser Handeln ist immer von Unsicherheit getrübt.

Entscheidungssicherheit ist ein Oxymoron – ein Widerspruch in sich.

Deshalb empfinden wir die Wahl auch als enorme Belastung, wenn die Zahl der Wahlmöglichkeiten immer weiter ansteigt und gleichzeitig verbindliche Richtlinien fehlen, wie ich mich entscheiden sollte.

Warum gibt's da eigentlich noch keine App für?

Das Blöde ist, dass die Verpflichtungen, die die Wahlmöglichkeiten mit sich bringen, uns auch dann treffen, wenn wir die Wahl vermeiden! Durch Nichtentscheiden kommen wir aus der Nummer nicht raus!

Der Druck von außen tönt: »Entscheide dich!«

Der Druck von innen flüstert: »Wie denn?«

Die Stimme aus dem Off tönt: »Komm schon, jetzt riskier mal was!«

Und die innere Stimme säuselt: »Bloß nicht, lieber auf Nummer sicher gehen.«

Und diesen Druck von innen und außen auszuhalten, müssen wir erst einmal lernen. Und das fällt uns enorm schwer.

Unsere Gesellschaft ist eine im historischen Vergleich erschöpfte, depressive, überforderte, unzufriedene Gesellschaft. Der Zukunftsforscher Alvin Toffler beschreibt sie in seinem Bestseller *Der Zukunftsschock* als eine Gesellschaft, in der das Flexible, das Temporäre, die Hyper-Auswahl zu einer allgemeinen Verbreitung der Erschöpfung führt, deren wichtigstes Resultat die Depression ist.

Und genau da liegt das Problem: Wächst die Zahl der Optionen über ein für uns zu bewältigendes Maß hinaus, nehmen die negativen Elemente so sehr zu, dass wir uns überfordert fühlen. Von da an ist die Wahl keine Befreiung mehr, sondern eine Beeinträchtigung, die sogar zu psychischen Krankheiten führen kann.

In seinem Buch *Anleitung zur Unzufriedenheit. Warum weniger glücklich macht* schreibt Barry Schwartz, Professor für Psychologie am Swarthmore College in Pennsylvania: »Unbegrenzte Wahlfreiheit kann die Ursache echten Leidens sein (...) Zu viele Optionen zu haben, ruft psychische Probleme hervor, zumal in Verbindung mit Reue, Statusstreben, Anpassung, sozialem Vergleich und, vor allen Dingen, mit dem Wunsch, von allem das Beste zu haben.«

Martin Seligman, der Begründer der positiven Psychologie, fand heraus, dass die Fähigkeit, Kontrolle auszuüben, von entscheidender Bedeutung für das seelische Wohlbefinden ist. Aber genau diese Kontrolle geht uns zunehmend verloren.

Kontrolle futsch. Orientierung futsch. Und jetzt?

Jetzt wird noch eins draufgesetzt: Konnte man früher, in einer Welt der begrenzten Optionen, die Schuld für enttäuschende Ergebnisse bei den Umständen suchen, ist das heute keine Ausrede mehr. Wir selbst sind es, die in der Verantwortung stehen. Jeder Misserfolg in jedem Lebensbereich wird plötzlich als persönliches Scheitern gewertet, das durch die richtige Wahl hätte verhindert werden können.

Kontrolle futsch.
Orientierung futsch.
Und jetzt?

Natürlich werden im Allgemeinen gern die Arbeitsüberlastung oder die Umstände beschuldigt. Diese sind aber nicht das Problem. Nicht zu viele Wahlmöglichkeiten quälen den Menschen, sondern der Mangel an Kompetenz im Umgang damit.

Aber worin genau besteht denn der Mangel an Kompetenz im Umgang mit den Wahlmöglichkeiten?

Das wirst du bereuen!

Viele Menschen haben das Gefühl auf dem falschen Weg zu sein oder sind am Lebensabend nicht stolz auf ihre Biografie, sondern enttäuscht vom Leben. Ja, sie bedauern sogar, nicht »richtig« gelebt zu haben. Das ist ein neues Phänomen.

Irgendwie schaffen sie es nicht, verworfene Optionen aus dem Gedächtnis zu streichen. Wir hängen den Neins hinter-

69

her, die der Preis für das Ja waren. Wir empfinden lang nachhallende Enttäuschung, denn unsere Zufriedenheit mit der getroffenen Entscheidung wird durch all die nicht gewählten Optionen getrübt.

Eine Wahl zu treffen heißt fast immer, etwas anderes von Wert aufzugeben.

Und dann empfinden wir Reue. Und diese Reue ist zermürbend.

John Izzo schreibt in seinem sehr lesenswerten Buch *Die fünf Geheimnisse, die Sie kennen sollten, bevor Sie sterben* über fünf Kernprinzipien, auf die wir uns besinnen sollten, da sie das wirklich Wichtige im Leben sind. Das zweite dieser fünf Prinzipien lautet: »Leben Sie so, dass Sie später nichts zu bereuen haben!«

Na super! Wenn das mal so einfach wäre!

Izzo schreibt, dass unsere größte Furcht nicht dem Tod gilt. Denn »wenn wir in vollen Zügen gelebt und alles getan haben, was wir uns vorgenommen hatten, können wir ihm mit Würde entgegensehen«.

Alles tun, was wir uns vorgenommen haben ... Egal, ob es gut oder schlecht ausgegangen ist. Hier kommt ein anderer Akzent ins Spiel: Liegt es vielleicht gar nicht an der mangelnden Kompetenz gute Entscheidungen unter komplexen Bedingungen zu treffen, sondern vielmehr an der Kompetenz zu bereits getroffenen Entscheidungen zu stehen, egal wie gut oder schlecht sie waren? Mangelt es uns an einer Art rückwirkender Sturheit?

Das ist eine heiße Spur.

John Izzos Untersuchungen zeigen, dass wir am Ende unseres Lebens nicht die Risiken bereuen, die wir eingegangen sind, selbst wenn sich unsere Entscheidungen womöglich weniger positiv ausgewirkt haben, als wir es uns gewünscht hatten. Nicht einer der Befragten meinte, er hätte bedauert, etwas versucht zu haben, was dann schiefgegangen ist. Aber die meisten sagten, sie seien nicht genug Wagnisse eingegangen!

Wagnisse!

Wenn wir uns klarmachen, dass wir die Dinge bereuen werden, die wir unversucht gelassen haben, dass wir im Nachhinein enttäuscht sein werden über das, was wir nicht gewagt haben, dass mangelnder Mut am Ende viel schlimmer für uns ist als mangelnder Erfolg, dann sieht das Spiel, in dem wir feststecken, plötzlich ganz anders aus.

Gut genug – statt perfekt

Wenn es also im Leben keinerlei Erfolgsgarantien gibt, weil in einer überkomplexen Welt in jedem Versuch die Möglichkeit des Scheiterns angelegt ist, dann könnte es eine totale Verschwendung von Lebensenergie sein, die Suche nach der noch besseren Entscheidung, nach der noch besseren Lösung, nach der perfekten Option zu forcieren.

Und was die Suche nach der perfekten Option weiter erschwert, ist die Tatsache, dass wir heute einen permanenten Informationsüberfluss haben und nicht wie früher einen großen Informationsmangel. Da klingt die Empfehlung des Psychologen Gerd Gigerenzer, Direktor am Max-Planck-Institut für Bildungsforschung in Berlin, einleuchtend: »Wir müssen uns von den alten Vorstellungen verabschieden, dass wir optimal entscheiden können (…) es genügt, wenn wir zufriedenstellende Entscheidungen treffen.« Und weiter: »Die Frage ist nicht: Was ist perfekt? Denn die führt nur dazu, dass man gar nichts macht. Die Frage ist: Was ist gut genug?«

Gut genug – statt perfekt. Da ist was dran.

Denn allzu leicht dient der Anspruch der Perfektion »Ich habe noch nicht den perfekten Zeitpunkt gefunden oder die perfekte Entscheidungsgrundlage« als Ausrede, um nichts zu unternehmen. Und das Ergebnis: Wir spielen mit im Schmalspur-bloß-kein-Risiko-eingehen-Mittelmaß-Film. Spulen täglich die immer gleichen »sicheren« Routinen ab und treten auf der Stelle. Und vermeiden damit nicht nur Fehler und Niederlagen, sondern auch die Chance auf ein erfülltes Leben.

> Wir spielen mit im Schmalspur-bloß-kein-Risiko-eingehen-Mittelmaß-Film.

Das Blöde ist, dass uns niemand dabei helfen kann, die für uns richtigen Entscheidungen im Leben zu treffen. Es ist eine herausfordernde Übung, die wir selbst absolvieren müssen. Und es ist Arbeit, die Energie braucht, weil wir unsere inneren Grenzen überschreiten. Nur auf diese Weise sammeln wir Erfahrungen: Das war genial! Das war super! Und: Autsch! Da habe ich mir eine blutige Nase geholt.

Alte Meister

In einem wunderbaren Artikel im New York Times Magazine wurden vierzehn »Old Masters«, Menschen in ihren Achtzigern und Neunzigern, portraitiert. Die Überschrift sagt alles: »After 80, some people don't retire. They reign.« – Großartig!

Eine dieser Old Masters ist Carmen Herrera. Sie ist Malerin. Ihr erstes Bild verkaufte sie erst vor zehn Jahren – damals war sie 89! Seitdem ist sie so erfolgreich, dass sie im Museum of Modern Art in New York und in der Tate Modern in London ausstellt.

Sie wurde gefragt, wie sie es geschafft hat, bis ins höchste Alter weiterzumalen, obwohl sie jahrzehntelang kein einziges Bild verkaufen konnte. Ihre Antwort: »Ich male, weil ich muss (...) Es ist meine Liebe zur geraden Linie, die mich antreibt. Das war schon immer so und hat sich nie geändert.«

Ein anderer ist der Star-Architekt Frank Gehry, der mittlerweile auf die neunzig zugeht. Sein neuestes Projekt haben wir uns gerade erst in Paris angesehen, einen Museumsbau, gesponsert von der Fondation Louis Vuitton.

Von Gehry wollte der Journalist wissen, was sich für ihn an seiner Arbeit verändert habe, seit er über 80 ist. Seine Antwort: »Bauwerke benötigen sieben Jahre vom Tag, an dem du engagiert wirst, bis zu dem Tag, an dem das Projekt zu Ende ist. Immer wenn wir ein neues Projekt reinbekommen, ist da dieser kurze Zweifel in meinem Kopf ... werde ich noch genug Zeit haben? Und nach ein paar Minuten sage ich dann: Ach, komm, egal, volle Kraft voraus!«

73

All den Menschen, die unzufrieden mit ihrem Job sind, rufen diese »Alten Meister« zu: Ist es nicht traurig, dass ihr in Jobs arbeitet, wo ihr euch auf das Wochenende, auf den Jahresurlaub oder auf die Rente freut, um dann den Dingen aus dem Weg zu gehen, die ihr ansonsten tagaus, tagein zu tun habt?

Ganz offenbar haben diese großartigen Alten kein Problem mit Reue, Risiken und Entscheidungen. Sie leben entschieden und schauen nicht zurück. Vielleicht lagen sie das eine oder andere Mal falsch im Leben – aber insgesamt können sie gar nicht falsch liegen! Im Kontrast zu ihnen wird deutlich: Vieles vom beschriebenen Leiden unserer Zeit gründet auf mangelnder Entschiedenheit.

Das ist aber nicht bei jedem das Gleiche. Vier Ausprägungen von mangelnder Entschiedenheit gibt es ...

4

Die
Typologie der
Unentschiedenheit

Research is me-search« – das ist ein ebenso prägnanter wie wahrer Spruch im Englischen. Dieses Buch zu recherchieren, zu konzipieren und zu schreiben war auch eine spannende Entdeckungsreise zu uns selbst. Diese Reise begann übrigens nicht mit dem Anruf unseres Verlags, der sagte: »Hey, wir wollen mal wieder was von euch drucken.« Und mit unserer Entgegnung: »Prima, haben gerade eh nix zu tun. Warum also nicht?«

Nein, unser Antrieb, dieses Buch zu schreiben, war eine Beobachtung. Um exakt zu sein, war es eine wiederholte Beobachtung. Eine, die in unseren Köpfen ein großes Fragezeichen hinterlassen hatte: Warum fällt es einigen Menschen leicht, entschieden durchs Leben zu gehen? Es scheint, als hätten sie für sich das Rezept für ein gelungenes Leben entdeckt. Und was können diejenigen, die ihren Weg noch suchen, von ihnen lernen?

Also haben wir uns das genauer angesehen ... Mit dem geschärften Blick auf die Frage der Entschiedenheit – oder aber deren Abwesenheit – waren wir in den vergangenen Jahren in vielen Ländern unterwegs. Wir haben uns in Konferenzräumen, Klöstern, Hörsälen, Coworking Spaces und Cafés rumgetrieben. Haben mit Vorständen, Unternehmern, Theaterregisseuren, Zimmermädchen, Autoren, Bloggern und Architekten gesprochen. Haben so ziemlich alles gelesen – vom Journal der amerikanischen Academy of Science bis zur Runner's World. Wir haben diskutiert, argumentiert und analysiert.

Welche Varianten mangelnder Entschiedenheit gibt es?

Eine bestimmte Beobachtung dabei hat uns überrascht, ja auch verwundert: Mehr offene Türen bedeutet nicht mehr Zufriedenheit. Ganz im Gegenteil: Wenn viele Türen offen stehen, leiden viele Menschen unter dieser Auswahl. Manche bleiben wie erstarrt vor den Türen stehen – so wie das Kaninchen vor der Schlange. Andere rennen wie ein Wiesel auf der Suche nach der perfekten Tür hin und her. Wieder andere sagen Ja zu einer Tür und sind dann unsicher, ob eine andere Tür nicht vielleicht besser gewesen wäre und hadern mit ihrer Entscheidung. Was wir so häufig sahen, ist also das Gegenteil von Entschiedenheit.

Dabei bedeutet Entschiedenheit mehr als Entscheidung-treffen-Tür-öffnen-hindurchgehen-Tür-schließen-und-fertig.

Entschiedenheit bedeutet, sich ganz einer Sache zu verschreiben und kein Hintertürchen offenzuhalten.

Eine solche Haltung fühlt sich nicht nur sehr gut an, sondern macht auch ungeheuer kreativ und produktiv. Also alles gute Gründe, die dafür sprechen, Entschiedenheit zu leben. Aber wenn das mal so einfach wäre. Bei unserer Entdeckungsreise mussten wir feststellen, dass es nicht nur bei anderen, sondern auch bei uns selbst wiederkehrende Muster und Formen der grauen Zone zwischen Ja und Nein gibt. Also begannen wir zu sortieren und zu unterscheiden: Welche Varianten mangelnder Entschiedenheit gibt es?

Wenn man über einen Mangel an Entschiedenheit spricht, hat man sofort eher passive oder ziellose Menschen im Kopf. Aber wir waren erstaunt zu erkennen, dass es sehr wohl aktive und zielorientierte Menschen gibt, die trotzdem unter ihrer mangelnden Entschiedenheit leiden.

Bei noch genauerem Hinsehen kristallisierte sich heraus, dass sich die Ausprägungen der Unentschiedenheit vor allem auf zwei Ebenen unterscheiden: Die erste ist die **Handlungsdimension** (aktiv/reaktiv). Auf dieser Ebene *agieren* die Menschen aus dem inneren Antrieb heraus, etwas zu verändern. Sie sind wie Kinder beim Basteln, voller Schaffensfreude und fokussiert. Oder sie *reagieren* auf die von außen einwirkenden Reize wie ein Hund, der mit dem Schwanz wedelt und nach der Leine sucht, sobald ein Familienmitglied »Gassi« sagt.

Die zweite Ebene ist die **Zieldimension** (orientiert/ unorientiert): Sie beschreibt das, was uns dabei unterstützt, Entscheidungen zu treffen: Klarheit und Orientierung. An dem einen Pol finden sich die Menschen, die dauerhaft klare Ziele verfolgen und eine genaue Vorstellung haben, in welche Richtung sie im Leben wollen. Sie sind wie Vögel im Vogelzug auf dem Weg ins Winterquartier in Afrika. Am anderen Pol finden sich diejenigen, die durchs Leben mäandern beziehungsweise ständig wechselnde, unstete Ziele haben, weil sie ohne Kompass unterwegs sind und sich jeder Weg irgendwie richtig und interessant anfühlt. Sie sind wie ein Schüler am ersten Schultag.

Auch wenn es paradox klingt: Überwiegend aktive Menschen können konfus oder orientiert sein und dennoch jeweils unentschieden durchs Leben gehen. Und überwiegend reak-

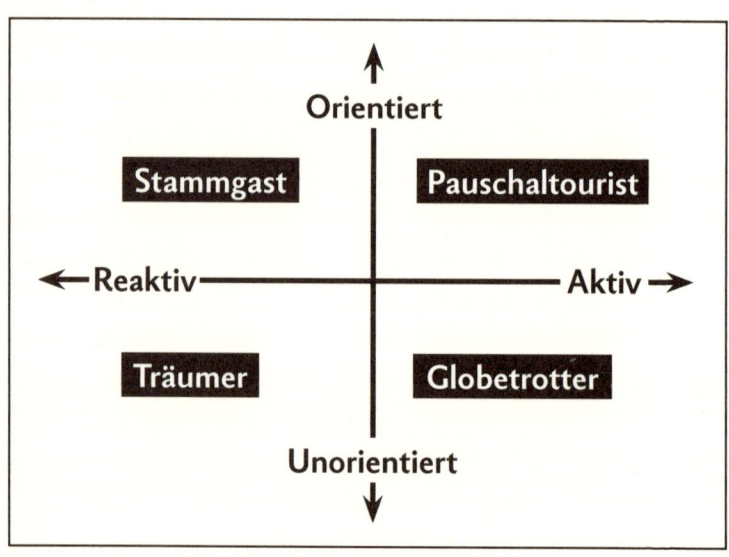

Die Typologie der Unentschiedenheit

tive Menschen können ebenfalls konfus oder orientiert sein und dennoch jeweils unentschieden durchs Leben gehen.

Wir betrachten diese beiden Ebenen als Achsen einer Matrix. Die vier Quadranten stehen für die einzelnen Typen, die wir mit den Begriffen »Träumer«, »Stammgast«, »Pauschaltourist« und »Globetrotter« betitelt haben.

Es gibt zwei Arten, diese Typologie zu lesen: Wir können sie auf andere anwenden, um besser zu verstehen, mit welchem Typ Mensch wir es zu tun haben. Noch interessanter wird es, wenn wir sie auf uns selbst anwenden, um unseren Blick auf uns selbst zu schärfen. Und genau darum geht es uns: um den trennscharfen Blick – und nicht um Stigmatisierung oder die Verurteilung eines bestimmten Typs. Wir selber haben da durchaus auch unsere Neigungen. Beispielsweise kennen wir die Zerrissenheit des Pauschaltouristen zwischen dem Wunsch nach Sicherheit und dem Streben nach Freiheit nur allzu gut.

Wir alle leiden mehr oder weniger stark unter der Komplexität und der Multioptionalität, mit denen wir im Leben konfrontiert werden. Wir gehen eben nur unterschiedlich damit um. Oder anders gesagt: Der Schmerz ist jeweils ein anderer.

Es lohnt sich daher, die Ursachen und Auswirkungen der verschiedenen Formen der Unentschiedenheit zu verstehen und uns zunächst einmal selbst zu verorten. Denn das eröffnet die Möglichkeit, einen neuen Weg einzuschlagen.

Der Träumer – reaktiv & unorientiert

Statt klare Wahlentscheidungen für das eigene Leben zu treffen, ist der Träumer von den Wahlmöglichkeiten überfordert und entscheidet sich vorwiegend überhaupt nicht. Es geht ja auch so. Irgendwie.

Dabei verspürt er in sich durchaus einen Drang zur Freiheit und Lebendigkeit. Er will dazugehören, über sich hinauswachsen, sich entwickeln. Und blickt dann doch wieder nur angstvoll nach unten, aus Sorge, der Boden könnte sich unter ihm auftun. Seine Ängste lassen ihn verunsichert und passiv bleiben. Die Verantwortung dafür projiziert er kunstvoll nach außen: »Ich kann ja nicht, weil ...« – »Du hast ja gut reden, aber bei mir geht das nicht, denn ...«

Es ist kein Geheimnis, dass Menschen, die die Verantwortung für ihr Leben und die damit verbundenen Entscheidungen tragen, zufriedener und auch erfolgreicher sind als solche, die in Unentschiedenheit verharren.

Wenn das aber so wenig zufrieden macht, warum entscheidet sich dann eine Menge von Leuten dafür, sich nicht zu entscheiden?

Sich zu ent-scheiden, bedeutet immer auch sich für etwas und gegen etwas anderes zu entscheiden. Aber dazu muss ich erst einmal wissen, was ich überhaupt will.

Was aber, wenn ich das selbst nicht weiß? Oder aber darüber nicht so gern nachdenken möchte? Denn wer beginnt, sich mit diesen Fragen zu beschäftigen, ist auf sich selbst zurückgeworfen. Und dann wird es herausfordernd: »Wer bin ich und wenn ja, wie viele?« hat der Philosoph Richard David Precht das Dilemma sehr schön betitelt. Wer bin ich und wie will ich mein Leben gestalten? Fragen dieser Art, Mannomann ... das sind keine einfachen Kaliber. Daran haben sich die Philosophen schon seit Jahrtausenden die Zähne ausgebissen – und jetzt soll ich plötzlich selbst meine Antworten finden? Wie soll das denn gehen? Das hat mir doch niemand beigebracht.

Und was ist, wenn ich es versuche und einen Weg einschlage, von dem ich dann rückblickend sage: Moment mal, das habe ich mir aber ganz anders vorgestellt. Gilt dann die Geld-zurück-Garantie? Und wenn die Garantie abgelaufen ist? Oder – noch schlimmer – niemand mir die Garantie geben will? Ziemlich blöde Situation. Ist es nicht einfacher, sich nicht zu entscheiden und auch nicht verantwortlich zu sein?

Und genau das macht der Träumer. Er geht den Konsequenzen aus dem Weg, indem er anderen das Steuerrad des Lebens überlässt. Aber auch die Entscheidung, keine Entscheidung zu treffen, ist eine Entscheidung. Wir können eben nicht nicht wählen. Und alles hat Konsequenzen. Denn wer keine Entscheidung trifft, kann sicher sein, dass andere das für ihn übernehmen werden. Und noch eine Sache ist sicher: Es wird dabei nicht besonders darauf geachtet, ob es dem Entscheidungsvermeider damit auch gut geht.

Dieser kindliche Habitus
ist als Modus Operandi übrigens
auch in vielen Unternehmenskulturen
zu besichtigen.

Die Flucht in die Nicht-Entscheidung führt immer weg von der Freiheit hin zur Unmündigkeit. In gewisser Hinsicht ist der Träumer nie erwachsen geworden, sondern verharrt in der Rolle des Kindes: In den ersten Lebensjahren können kleine Kinder nicht ohne die Fürsorge und die Entscheidungen der Eltern überleben. Sie sind auf natürliche Weise ohnmächtig. Doch wenn ein Erwachsener noch immer in der gleichen prinzipiellen Ohn-Machts-Situation ausharrt, mag sich das zwar bequem anfühlen, aber der Preis dafür ist verdammt hoch.

Wer sich die Freiheit verwehrt, die Regie für das eigene Leben zu übernehmen, vergibt damit auch die Chance, zu wachsen und sein Potenzial zu entfalten.

Dieser kindliche Habitus ist als Modus Operandi übrigens auch in vielen Unternehmenskulturen zu besichtigen: »Das steht so nicht in der Stellenbeschreibung!« – »Sorry, dafür bin ich nicht eingestellt worden.« –»Im Jahr 1986 habe ich mal was selbständig entschieden. Mann, hat der Alte sich damals aufgeregt. Ich bin doch nicht bescheuert und verbrenne mir heute nochmals die Finger ...« Dass der »Alte« dreißig Jahre später schon lange nicht mehr durch die Büroflure schleicht, weil er schon längst unter der Erde liegt, hindert den Entscheidungsvermeider nicht daran, diesen prähistorischen Vorfall herbeizuzitieren, um die eigene Entscheidungsunfähigkeit zurechtzuvernünfteln.

»Die da oben« müssen was machen, mir sind leider die Hände gebunden. Das Einzige, was ich tun kann, ist, mich in das Unvermeidliche einzufügen; das ist der Kern meines Daseins. Jeglicher Widerstand ist zwecklos.

Für diese Menschen bedeutet das eine konstante innere Zerrissenheit. Auf der einen Seite sind sie unzufrieden, weil sie wissen, dass das Leben noch mehr bieten könnte. Auf der anderen Seite glauben sie nicht daran, ihr Leben selbst gestalten zu können. Sie haben auch gar nicht das Gefühl, es in der eigenen Hand zu haben.

Diese Lebenshaltung hat ihren Preis, denn Mitläufer werden heute zum Tageskurs gehandelt. Wir müssen lernen, Selbstbestimmung und Entschiedenheit anzunehmen, auch wenn das nicht immer einfach ist – aber der Verzicht darauf ist keine Alternative.

Der Stammgast – reaktiv & orientiert

Der Stammgast ist im Gegensatz zum Träumer sehr orientiert. Er lebt sein Leben nach einem festen Schema. Wohnort, Arbeitsplatz, Wahl der Automarke, ja sogar Ansichten und Überzeugungen – all das ist einbetoniert. Man bleibt im Trott bis das Essen auf Rädern kommt.

83

Das Leben führt sich quasi von selbst. Entscheidungen, die von der vorgeplanten Route abweichen? Die Stimme im Lebensnavigationssystem würde sofort auffordern, zur markierten Route zurückzukehren. Kommt hinter der Wegbiegung tatsächlich etwas Besseres? Vielleicht komme ich vom Regen in die Traufe? Wenn ich meinem Schema treu bleibe, weiß ich, was ich habe. In einer Welt, in der es an Orientierung und verbindlichen Wegmarken mangelt, ist die Versuchung groß, sich gar nicht erst einen breiten Spielraum der Möglichkeiten zuzugestehen, sondern dem Korridor des allgemein Akzeptierten zu folgen.

Man bleibt im Trott
bis das Essen auf Rädern kommt.

Das Leben gefangen im Hamsterrad der Routinen: Aufstehen – zur Arbeit fahren – heimfahren – vor dem Fernseher sitzen und sich erholen – schlafen gehen. Und am nächsten Tag geht's weiter: Aufstehen – arbeiten – ablenken – hinlegen; aufstehen – arbeiten – ablenken – hinlegen – bis zum Wochenende durchhalten – bis zum Urlaub durchhalten – bis zur Rente durchhalten ...

Vor lauter Lebensroutine kommt man gar nicht dazu, darüber nachzudenken, wie es anders gehen könnte.

84

Sich zu entscheiden, welche Art von Leben man leben möchte, ist schlicht nicht vorgesehen. Stattdessen wird blind übernommen, was man so macht und was landläufig als »normales Verhalten« gilt. »Normal« deshalb, weil sich die Mehrheit so verhält. In diesen Kreisen gilt Mark Twain mit seiner Aussage »Wenn du feststellst, dass du zur Mehrheit gehörst, ist es an der Zeit, deinen Standpunkt zu überdenken« als schwer gestört. Der Vorteil liegt auf der Hand: Wer sich für diesen Weg entscheidet, dem winken Bestätigung und Zuspruch der breiten Menge.

Dieses Streben nach Sicherheit hat einen Preis: Initiative, Mut, Risikobereitschaft und Selbstbestimmung bleiben auf der Strecke. Was bleibt ist Resignation mit aufgeklebter Hoffnung auf ein aufregendes, selbstbestimmtes Leben nach der Rente. Denn dann, ja dann werden all die verrückten Dinge nachgeholt. Der Wunsch vieler Menschen, das 66. Lebensjahr zu erreichen – und das möglichst lebendig – wird so zur Zielmarke. Aber taugt das als Lebensziel?

Natürlich geht es nicht darum, sich vollkommen frei von Routinen, Mustern und Schemata durchs Leben zu bewegen. Das würde auch gar nicht funktionieren, denn es liegt in der Natur des Menschen, viele alltägliche Dinge wie das Aufstehen, Rasieren, Zähneputzen, Schuhebinden oder Autofahren automatisch abzuspulen. Würden wir das nicht tun, wäre unser Bewusstsein mit alltäglichem Kleinkram vollkommen überfordert. Routinen beanspruchen unsere Aufmerksamkeit wenig und halten den Kopf frei für wichtigere Dinge.

So weit, so gut. Problematisch wird es dann, wenn die Automatisierung auch in Lebensbereichen wirksam ist, die gar nicht so bedeutungslos wie Zähneputzen und Schuhebinden sind. Wenn wir wie Roboter einen großen Teil des Lebens auf vorgezeichnete Weise abspulen. Wenn das Leben genauso abgearbeitet wird wie ein Fließbandjob: »Na, wie geht's?« –

85

»Ach ja, muss ja ...« – Automatisiert ist dabei nicht nur das Verhalten, sondern auch das Denken und Fühlen.

Das Leben wird nicht reflektiert, sondern läuft mechanisch. Auf diese Weise eingeschläfert, verkümmern Kreativität und Initiative mit der Zeit. Sie werden schlicht nicht gebraucht. Damit geht auch die Fähigkeit verloren, die Rolle des Regisseurs für das eigene Leben zu übernehmen.

Dahinter steht die implizite Annahme, dass es besser ist, dem planierten Weg zu folgen und nicht zu viel über sich nachzudenken, als fragend durchs Leben zu gehen und nach Antworten zu suchen. Sich selbst zu entdecken, ist eben keine einfache Sache. Und dann bleibt auch noch die Ungewissheit, was geschieht, wenn man auf sich selbst trifft. Mögen wir überhaupt den Typen, dem wir da gegenüberstehen? Und wenn nicht, was dann? Das Lebensprogramm herunterfahren und neu starten? Das funktioniert (manchmal), wenn irgendeine Software auf dem Rechner Zicken macht ... aber leider nicht als Universallösung für das eigene Leben.

Wäre es da nicht besser, sich erst gar nicht auf eine solch unsichere Entdeckungsreise einzulassen? Im Englischen gibt es den Spruch: »Better safe than sorry« – das ist das Lebensmotto des Stammgastes, auch im deutschen Sprachraum.

Henry Ford
wäre entzückt.

86

Das ist teilweise anerzogen und in manchen Bereichen sogar gesellschaftlich erwünscht. Der Frage nachzugehen »Wie willst du dein Leben leben?« und dann eigene, bewusste

Wahlentscheidungen für sein Leben zu treffen, steht leider nicht auf dem Lehrplan; Erwartungserfüllung hingegen schon. Deshalb machen Menschen, die ihr Leben nach einem starren Schema leben, ihre Sache gewohnheitsmäßig gut. Sie sind die braven Routinearbeiter, die geschäftig, fleißig und ordentlich ihre Aufgaben erledigen.

Die Tugenden des Fabrikzeitalters finden sich hier in voller Blüte. Henry Ford wäre entzückt – und seine heutigen Brüder und Schwestern im Geiste sind es auch. In einer Welt, in der andauernder Aktivismus zum guten Ton gehört, ist jemand, der zehn Minuten einfach mal so dasitzt, um in Ruhe über sich nachzudenken, ein fauler Sack oder gar gestört. Fleiß, Ordnung und Geschäftigkeit sind Ehrenzeichen der emsigen Ameise. Wer etwas leistet, der ist in Bewegung und »schafft was weg« – egal was. Fleiß wird so zur Tugend, die Routinen abspult und alte Muster wiederholt.

Aber Wertschöpfung entsteht nicht dadurch, dass wir alte Muster immer wieder abspulen, sondern neue Muster erkennen und Antworten auf herausfordernde Fragen finden.

Im Zentrum dieser Wertschöpfung stehen Individuen, die selbstbestimmt agieren, und das, was sie sind, was sie wollen und können, auch klar benennen. Entschiedenheit ist in diesem Kontext keine idealistische Utopie für Spinner, sondern nur folgerichtig.

Der Pauschaltourist –
aktiv & orientiert

Der dritte Archetyp in unserer Typologie mangelnder Entschiedenheit ist der Pauschaltourist. Er zeichnet sich durch Aktivität und eine klare Zieldimension aus. Er geht voran, hat einen detaillierten Lebensplan und startet durch.

Durch sieben Türen musst du gehen: Studium, Heirat, Haus, Kinder, Karriere, 5er BMW, Rente. Zack, zack, abhaken. Pauschaltouristen sind typische Gewächse unserer Zeit und wir sehen sie überall. Bisweilen auch im Spiegel, wenn wir genau hinschauen.

Pauschaltouristen sind Produkte eines Umfelds, in dem weder Entscheidungsfreiheit noch Wahlmöglichkeit zur Lebensqualität zählen. Ganz oben auf der Prioritätenliste des Lebens stehen Werte wie Sicherheit, Kontinuität und Zuverlässigkeit. Eine lückenlose Vita hat allerhöchste Präferenz. Wer sich die Freiheit nimmt, davon abzuweichen, ist suspekt. Eine Auszeit zwischen Schule und Studium? Einfach mal so in der Welt herumreisen für ein paar Monate? Viel zu riskant im Hinblick auf die Chancen am Arbeitsmarkt!

Studium, Heirat, Haus, Kinder, Karriere, 5er BMW, Rente. Zack, zack, abhaken.

Und diese Sorge kommt nicht von ungefähr. Denn jemand, dessen Lebenslauf Brüche aufweist, weil er Experimente gewagt und Umwege gemacht hat, spürt das spätestens beim Einstellungsgespräch. Obwohl Personaler immer wieder gern betonen, dass Umwege und Versuche wichtig für die Lernerfahrung sind, gilt ein Lebenslauf, der genau das abbildet, als suspekt. Eine Vita mit Brüchen und Lücken kann per se nicht gut sein.

Nun kann man ja schön auf den Personalern und ihren Einstellungskriterien rumhacken. »Wenn Betriebe gute Leute finden, geschieht es nicht wegen, sondern trotz der Personaler« ätzt die Wirtschaftswoche. Die haben es eben nicht kapiert. Das sind alles nur Pappnasen. Aber das ist zu kurz gesprungen. Personaler sind immer auch Repräsentanten einer Unternehmenskultur, die genau diese Einstellungskriterien als passend erachtet.

Und das bedeutet für den Bewerber: sich danach richten – oder aber das Urteil akzeptieren: »Ich muss leider draußen bleiben.« Also richtet man sich danach. Reduziert die Experimente, verfolgt klare Ziele, vermeidet Umwege.

Gleichzeitig gibt es aber immer noch den Wunsch nach Freiheit – aber bitte ohne die Sicherheit aufzugeben. Nur: Das funktioniert leider nicht.

Das war bereits Benjamin Franklin klar, von dem die Erkenntnis stammt, dass derjenige, der die Freiheit aufgibt, um Sicherheit zu gewinnen, am Ende beides verlieren wird.

Das hat Auswirkungen: Trotz klarer Ziele, Erfolg im Beruf und einem angesehenen gesellschaftlichen Status kommt irgendwann dieser nagende Zweifel: War das der richtige Weg? Soll das schon alles gewesen sein? Was wäre, wenn ich nochmals von ganz vorn anfangen könnte? Einfach weggehen – »mal schnell Zigaretten holen« – und niemals zurückkommen. Alle Bindungen und Verpflichtungen hinter sich lassen und eine ganz neue Lebenstür öffnen ... Schön wär's.

Pauschaltouristen träumen von einer zweiten Geburt. Wer könnte man sein, wenn man alles hinschmeißen und nochmals ganz neu durchstarten könnte? Sie haben durchaus Ideen, was sie gern machen würden. Aber sie wollen auch von irgendwem die Garantie, dass das Neue funktioniert.

Was die innere Zerrissenheit befördert, ist ihr Wissen, dass sie im Prinzip über alle Voraussetzungen verfügen, um angesichts der Vielzahl an Möglichkeiten ihren Weg zu gehen. Diese Menschen verfügen über Konsequenz und Initiative. Diese Eigenschaften wenden sie aber meistens nur auf ihre konkreten Ziele an: die Beförderung, den Abschluss des nächsten großen Projekts, das neue Auto, das größere Haus und schließlich die Rente.

Insofern erreicht der Pauschaltourist häufig seine Ziele und ist nach gängiger Auffassung durchaus erfolgreich. Doch indem er sich voll und ganz auf das jeweilige Ziel konzentriert, räumt er der Zukunft den Vorrang ein. Bisweilen kommt die Gegenwart gar nicht mehr vor. Das Leben ist in dieser Perspektive ein einziges Vorbereiten: »Wenn ich diese Beförderung erst mal im Sack habe ...« »Wenn wir erst mal das schöne Häuschen haben ...« »Wenn die Kinder aus dem Gröbsten raus sind ...« – Die Zeit danach wird zum Fixpunkt.

Und wenn das Haus gebaut ist, der Traumpartner gefunden und geheiratet ist, der Wunschjob ergattert wurde ...

dann stellt sich eine eigenartige Leere ein. Was jetzt? Klare Sache: Ein neues Ziel muss her! Und schon läuft man wieder dem nächsten hübsch gedachten Zustand hinterher. Der Pauschaltourist ist nie wirklich da, wo er ist.

Der Internet-Stratege Randy Komisar nennt das »Deferred Life Plan«, also aufgeschobene Lebensplanung. In seinem Buch *The Monk and the Riddle*, das schwer esoterisch klingt, es aber gar nicht ist, erzählt er von seinen Motorradfahrten durch Myanmar und ermutigt den Leser, sich zu fragen, »wie wir unsere Zeit verwenden, nicht unser Geld. Anstatt auf Kosten aller anderen Lebensaspekte nur zu arbeiten, um unser Bankkonto in der Hoffnung zu füllen, dass wir später alles zurückkaufen können, was wir auf dem Weg dorthin verpasst haben, sollten wir unser Leben jetzt genießen, im vollen Bewusstsein seiner Zerbrechlichkeit.«

Ein verdammt guter Hinweis! Bei der aufgeschobenen Lebensplanung wird es immer die nächste Belohnung geben, hinter der man her ist, die nächste Ablenkung, den neuen Hunger, der zu stillen ist. Wir selbst werden aber immer zu kurz kommen.

Aber genau diese Umwege sind es, die die Ortskenntnis erhöhen

Pauschaltouristen, die sich einem Lebensweg verschreiben, auf dem sie – bildlich gesprochen – einen vorgefertigten Reisebaustein an den anderen reihen, fallen Abweichungen, Spontanes, Umwege sehr schwer. Aber genau diese Umwege sind es, die die Ortskenntnis erhöhen und uns dabei helfen,

91

uns weiterzuentwickeln und im ganzheitlichen Sinne noch leistungsfähiger zu werden.

Und nein: Ziele sind nicht das Problem. Sie nützen der Orientierung und geben dem Handeln Richtung. Beim Pauschaltouristen aber sind die Ziele Symptome eines Lebens, das einem Versicherungsvertrag gleicht, in den man heute einzahlt, um später etwas zu bekommen.

Das bedeutet nichts anderes als: Du stehst immer kurz davor zu leben.

In der Wirtschaft ist das Äquivalent dazu der weit verbreitete Glaube an die Best Practices, die vorgefertigten Lösungspakete. Das Versprechen lautet: Mach, was die anderen machen und du wirst den Erfolg haben, den die anderen haben. Darin verbirgt sich eine eingebaute Irreführung: Denn die Blaupausen-Vorbilder sind ja gerade deshalb erfolgreich, weil sie etwas Neues gemacht haben, etwas anderes als alle anderen. Die Suche nach der schnellen Patentlösung, nach der Abkürzung ist also nichts anderes als der schnurgerade Weg in die eigene Mittelmäßigkeit.

Die beliebtesten Reisebausteine aneinanderzureihen und zu erwarten, dass ein einzigartiges Erlebnis daraus wird, ist Irrsinn zum Quadrat.

Nein, wir müssen schon selbst experimentieren und unseren eigenen Pfad durch den Dschungel der Möglichkeiten schlagen. Sprich: Entscheidungen treffen.

Der Globetrotter –
aktiv & unorientiert

Der vierte Archetyp in unserer Typologie ist der Globetrotter. Wenn etwas Spannung, Spaß und Action verspricht, sagt er sofort Ja! Doch wenn es darum geht, die Konsequenzen dieses Ja zu tragen, wenn es um Disziplin und Durchhaltevermögen geht, dann klingt das verdächtig nach Spaßbremsenalarm. Und wer will das schon? Und schon beginnt die Suche nach dem nächsten Kick.

Es gibt sooo viele Möglichkeiten und das Leben ist sooo kurz. Der Globetrotter hastet rastlos von einer Sache zur anderen und kommt nirgends an. Das gilt für das berufliche »Sich-ausprobieren« ebenso wie für Partnerschaften.

> Es gibt sooo viele Möglichkeiten
> und das Leben ist sooo kurz.

»Ich halte mir alle Türen offen«, lautet die Antwort auf die Frage: »Was tun angesichts der vielen Optionen?«

Das ist der Versuch, sich den Zweifeln und negativen Gefühlen, die mit Entscheidungen verbunden sind, zu entziehen.

93

Entscheidungen werden vom Globetrotter so getroffen, dass der Entschluss jederzeit zurückgenommen werden kann. Aber wer sozusagen niemals »voll durchzieht« und zu der getroffenen Entscheidung steht, kann auch nie dafür sorgen, dass die getroffene Wahl auf Dauer die richtige wird. In der Konsequenz bedeutet das: Wer versucht, sich immer alle Türen offenzuhalten, wird sein Leben auf dem Flur verbringen.

Ein weiteres Problem: Alles so schön bunt hier! Für den Globetrotter steht fest: Überall ist es besser, wo ich nicht bin. Also ran an den nächsten Reiz, immer auf dem Sprung zum aufregenderen Partner, spannenderen Job, attraktiveren Wohnort, verlockenderen Leben. Doch der Reiz des Neuen nimmt schnell ab, was aus der Distanz unglaublich attraktiv erschien, verliert nach einer kurzen Phase des Ausprobierens schnell seinen Reiz. No problem! Der nächste Reiz wartet schon. Und der nächste Reiz ist immer der geilste Reiz.

Und wenn es dann doch nicht so ist wie erhofft, ist der Grund schnell identifiziert: »Das war nicht das Richtige« oder »Er hat mich enttäuscht«, heißt es dann. Die Neigung, Verantwortung reflexhaft auf die Umstände oder eine andere Person abzuwälzen, hat den Vorteil, dass man immer weitermachen kann und sich nicht ändern muss. Und so niemals Verantwortung für die Konsequenzen einer Entscheidung übernehmen muss.

Der Philosoph und Management-Autor Reinhard Sprenger analysiert treffsicher: »Das bewusste Wählen und die Selbstdisziplin, zu diesem Entschluss zu stehen, ist es, was der Wahl die Würde gibt.« Im Umkehrschluss heißt das: Wer jedes Ja im Handumdrehen durch ein neues Ja ersetzt, verliert nach und nach seine Selbstachtung.

94

Es ist nun mal so, dass jede Entscheidung einen Abschied von Optionen beinhaltet. Das ist mit mehr oder weniger großen Trennungsschmerzen verbunden.

Wer hofft, er könne sich diesem Schmerz entziehen, indem er das Nein vermeidet und einfach durch ein zusätzliches Ja ersetzt, wird zwangsläufig enttäuscht werden. Denn entscheiden heißt verzichten. Entscheiden bedeutet, eine Tür zu öffnen, um hindurchzugehen, und eine andere zu schließen. Wer geschlossene Türen nicht erträgt, geht aber durch gar keine Tür und macht auch keine tieferen Erfahrungen.

Dieser große Verzicht wiegt am Ende schwerer als all die kleinen vermiedenen Verzichte zusammen.

Auch in der Wirtschaft ist der Typ Globetrotter verbreitet. Manager, die nach Globetrotter-Manier agieren, springen auf immer wieder neue Projekte, Themen und Moden an. Alle neuen Managementtools und -methoden werden durchgehechelt. Huhh, man könnte ja was verpassen! Alles wird probiert, angerissen – nichts wird zu Ende gebracht. Überall Baustellen.

Viel Aktionismus, wenig Bewegung. Geschäftigkeit, die zu nichts führt, Rauch ohne Feuer. Aktivität und ständige Bewegung sind die beiden Tugenden, die in einer solchen Kultur allerhöchste Wertschätzung erfahren. *Wir wollen Äktschen! Und wenn keine da ist, wird welche gemacht!* Wer womöglich die Sinnhaftigkeit der hektischen Betriebsamkeit in Frage stellt, gilt als potenzieller Brutus – ein niederträchtiger Verräter des herrschenden Systems.

Positiv betrachtet, bildet der Globetrotter zusammen mit dem Pauschaltouristen und dem Stammgast ein tolles Team.

Gut, so einen Träumer mag keiner dabeihaben, aber die anderen drei ergänzen sich prima und halten die Maschinerie am Laufen, die am Ende Masse, Material und Menge ausspuckt. Also genau das, worauf das Industriezeitalter gebaut war. Heute besteht wertschöpfende Wissensarbeit aber im Wesentlichen aus selbständigem Denken, Planen, Führen und Entscheiden. Aber gerade diese Attribute spielen im Team des Stammgastes und Pauschaltouristen keine entscheidende Rolle, sondern die Dreifaltigkeit aus Eifer, Fleiß und Erfüllergeist. Alles Tugenden, die man braucht, um Routinen zu wiederholen und eingeübte Muster abzuspulen. Gut, der Globetrotter bringt noch ein bisschen Spaß und Action mit in die Gleichung – aber leider fehlen die Kreativität, der Gestaltungswille und die Autonomie. Das Team entwickelt nie eine eigene Handschrift und braucht immer jemanden, der ihm sagt, was zu tun ist.

Wer entscheidet die Zukunft?

Der Träumer, der Stammgast, der Pauschaltourist und der Globetrotter, das sind vier Typen und die Matrix ist damit abgedeckt. Aber bedeutet das jetzt, dass wir alle defizitäre Wesen sind? Der moderne Mensch als Problemfall der Evolution?

Man ist doch kein
triefäugiger Volltrottel,
der sein eigenes
Geschäftsmodell sabotiert!

Nein, keineswegs. Die meisten unserer Leser, und wir auch, finden sich in Teilen in der Typologie wieder. Aber dass wir alle mehr oder weniger an mangelnder Entschiedenheit leiden, ist tatsächlich eine Konsequenz daraus, dass wir als komplette Gesellschaft nicht auf die extreme Wahlfreiheit unserer Zeit vorbereitet sind und nicht gelernt haben, damit umzugehen. Bildung, Gesellschaft und Politik vermitteln uns, dass wir eingeordnet und organisiert werden müssen, denn schließlich weiß das System am besten, was gut für uns ist. Das ist reiner – Zyniker würden sagen »gesunder« –Selbsterhaltungstrieb, wie sich leicht am Beispiel der Politik erklärt: Wer gewählt werden will, braucht die Zustimmung der Masse. So viele Wähler wie möglich müssen glauben, dass die Partei weiß, was gut für den Wähler ist. Darauf bauen komplette Wahlkampagnen.

Daher ist das Interesse der Politik an der Förderung von Individualität, Selbstbestimmung und Entschiedenheit nur in homöopathischen Mengen vorhanden. Man ist doch kein triefäugiger Volltrottel, der sein eigenes Geschäftsmodell sabotiert! Im Sinne der eigenen Besitzstandswahrung wird das – übrigens parteiübergreifend – tunlichst vermieden, denn:

Menschen, die unentschieden sind, funktionieren sehr gut und passen sich nahtlos ins System ein.

Was will man mehr? Alles, was man tun muss, damit das so bleibt, ist diesen armen Seelen, die von Multioptionalität, Entscheidungen und Verantwortung so heillos überfordert sind, mit säuselnder Stimme einzuflüstern: »Entscheiden ist so schwer! Warum quälst du dich überhaupt mit der Auswahl und den Konsequenzen? Lass uns deine Last tragen. Wir (der Staat/das Unternehmen/die höhere Instanz ... Passendes bitte ankreuzen) übernehmen das für dich.«

Niemand muss sich entscheiden, keiner ist verantwortlich. Die Vereinnahmung ist perfekt! Das Versprechen lautet: »Spiel mit, setz die Vorgaben um, ordne dich ein. Dafür verheißen wir dir ein sicheres Leben.«

Der Tauschhandel lautet: Fremdbestimmung gegen Sicherheit und Planbarkeit.

Dieser Deal verspricht, das Leben bequem zu machen. Niemand muss dem Weg von Jack Andraka folgen und – Gott behüte – es *selbst* herausfinden, sondern es ist vollkommen ausreichend, den Vorgaben zu folgen. Damit lassen sich Menschen leichter managen.

Aber dieser Deal hat sein Haltbarkeitsdatum längst überschritten. Sicherheit als Ausgleich für Abhängigkeit wird inzwischen zum Tageskurs gehandelt. Es gibt keine Garantie mehr, dass der Job sicher ist, die Löhne steigen, die Kinder es besser haben werden als die Eltern, eine gute Ausbildung automatisch zu einem guten Job führt und die Rente für alle reicht. Was für die Nachkriegsgeneration Selbstverständlichkeiten waren, ist heute nur noch Illusion.

Wir stehen geistig immer noch
mit einem Fuß in der alten und
mit dem anderen in der neuen Zeit.

Man kann versuchen, das zu verdrängen, schönzureden oder
sich an anderen orientieren, die sich auch mit diesem Gedanken partout nicht anfreunden möchten – aber egal wie groß
die Abwehr ist, die Unsicherheit wird sich nicht mehr auflösen. Wer verstanden hat, dass die einzige Instanz, auf die
er vertrauen kann, er selbst ist, nur er selbst und sonst keiner, der wird keine Sicherheit mehr in irgendwelchen äußeren Bedingungen suchen. Denn wo der Deal Fremdbestimmung gegen Sicherheit nichts mehr zu bieten hat, sollten wir
uns darauf besinnen, dass Selbstbestimmung und Eigenverantwortung die viel bessere – und erwachsenere – Wahl sind.

Aber gleichzeitig ist das die schwierigste Wahl von allen,
denn wir müssen selbst entscheiden und handeln und wir
sind für uns selbst verantwortlich. Das erfordert ein verän-
dertes Denken. Nicht dem einen vorgezeichneten Weg folgen
oder einen Reisebaustein an den nächsten reihen oder sogar
vor der Auswahl kapitulieren, sondern mit Vielfalt umgehen
lernen.

**Orientierung und Entschiedenheit werden in diesem
Kontext zu Schlüsselkompetenzen des 21. Jahrhunderts.**

Unser Zögern und Zaudern gehört wohl zu den Geburts-
wehen des Wissenszeitalters. Wir stehen geistig immer noch
mit einem Fuß in der alten und mit dem anderen in der neuen

Zeit. Und in dieser neuen Zeit gibt es keine vorgezeichneten Wege mehr. Es gibt Wege, die sich vor uns auftun. Viele, viele Wege. Und unseren eigenen Weg müssen wir uns selbst suchen.

Die große Aufgabe liegt darin, wie wir damit umgehen. Bei aller Herausforderung ist es aber auch eine riesengroße Chance. Wir werden zum Nachdenken über uns selbst gezwungen. Und wer auf sich selbst zurückgeworfen ist, kann nicht mehr auf Anleitungen und Reisebausteine ausweichen, die andere für ihn zusammengestellt haben.

TEIL II

Wie Hummer wachsen

5

Die Sache
mit der Wahlfreiheit

Der Mensch ist in seinem Tun und Wollen frei. Er kann zwischen richtig oder falsch, gut oder schlecht, passend oder unpassend wählen und übernimmt dafür die Verantwortung«, sagt die Philosophie.

»Moment mal«, sagt die Hirnforschung, »das stimmt so nicht!«

Ist der freie Wille nur eine Illusion? Ist es so, dass bevor wir uns bewusst entscheiden, etwas zu tun, unser Gehirn die Entscheidung unbewusst längst vorweggenommen hat? Die Versuche des amerikanischen Physiologen Benjamin Libet hatten das nahegelegt. Libets berühmtes Experiment aus dem Jahr 1979 verlief so: Versuchspersonen mussten etwa vierzig Mal schnell das Handgelenk beugen oder mit dem Finger schnippen, verbunden mit der Anweisung, die Bewegung entweder spontan auszuführen oder sich bewusst dazu zu entschließen. Bei den bewusst ausgeführten Bewegungen mussten die Probanden den genauen Zeitpunkt des Entschlusses berichten. Um so genau wie möglich zu messen, wurde das auf einer Uhr abgelesen, die Zeitunterschiede im Bereich von einigen Hundert Millisekunden erfassen konnte. Gleichzeitig wurde die Gehirnaktivität mit einer aktiven Elektrode auf der Kopfhaut gemessen und ein sogenanntes Elektromyogramm des aktivierten Muskels angefertigt.

Mein Gehirn wollte das so,
ich kann nichts dafür.

Das Ergebnis war verblüffend: Dem Vollzug selbst gesteuerter Willenshandlungen ging eine langsame elektrische Veränderung voran, die sich auf der Kopfhaut messen ließ. Der Beginn dieses elektrischen Indikators bestimmter Gehirnaktivitäten ging der tatsächlichen Bewegung etwa 350 Millisekunden voraus – in der neuronalen Welt eine kleine Ewigkeit. In anderen Worten: Bevor die Probanden sich bewusst entschlossen, ihre Hand zu bewegen, war in den Hirnstromkurven das sogenannte »Bereitschaftspotential« dafür schon zu finden. Das würde bedeuten, dass unser Gehirn schon Entscheidungen trifft, bevor das Bewusstsein überhaupt Notiz davon nimmt.

Kann man also noch von freiem Willen sprechen, wenn die Absicht, etwas zu tun, im Gehirn schon feststeht, bevor wir bewusst die Entscheidung treffen?

Ganz so einfach ist es dann doch nicht. Der Slogan »Freiheit oder Gehirn« der ebenso zeitgeistig wie epidemisch durch die Gazetten und Talkshows geistert, ist zu plump. Frei nach dem Motto: Mein Gehirn wollte das so, ich kann nichts dafür.

Ein gefundenes Fressen für alle, die nach einer wissenschaftlichen Erklärung dafür suchen, warum sie nicht abnehmen, nicht mit dem Rauchen aufhören, sich nicht von dem lieblosen Partner trennen oder in dem frustrierenden Job verharren. Alles Determinismus. Vorbestimmt. Der Mensch als Marionette seiner Gehirnchemie. Tja, jeder interpretiert sich die Welt so, wie es für ihn am geeignetsten scheint. Das heißt aber noch lange nicht, dass es auch den Tatsachen entspricht.

»Die Libet-Experimente sind obsolet«, sagt der renommierte Hirnforscher John-Dylan Haynes, der am Berliner Bernstein Zentrum für Computational Neuroscience forscht. Haynes gehört zu den renommiertesten Forschern auf dem Gebiet der Entscheidungsfindung und ist weit davon entfernt, die Widerlegung der berühmten Libet-Experimente als Niederlage der Hirnforschung zu betrachten. Aber nach der Veröffentlichung seiner jüngsten Ergebnisse in den »Proceedings« der amerikanischen Nationalen Akademie der Wissenschaften steht für ihn fest: Das gemessene »Bereitschaftspotential« ist kein Beweis dafür, dass der Mensch seine Entscheidungen durch das Gehirn diktiert bekommt. »Diesen Determinismus gibt es nicht.«

Diese Ausredenabteilung hat jetzt geschlossen.

»Tatsächlich hinterlassen viele Handlungen mitunter Sekunden vor der Entscheidung des bewussten Ichs eine elektrische

Spur in bestimmten Hirnarealen. Der entscheidende Punkt aber ist: Nichts spricht bisher dafür, dass diese Hirnströme das Handeln steuern, dass unser freier Wille eine Illusion ist«, schreibt der Journalist Joachim Müller-Jung in seinem FAZ-Artikel über die Forschungsergebnisse von John-Dylan Haynes und Kollegen.

Das Bereitschaftspotential, das Libet identifizierte, kann quasi überstimmt werden; die vermeintlich vorbestimmte Handlung könne noch willentlich und aktiv gestoppt werden. Blöde Nachrichten für alle, die es sich so gemütlich in dem Erklärungsmuster »ich-bin-nur-die-Marionette-meiner-Gehirnchemie« eingerichtet hatten. Diese Ausredenabteilung hat jetzt geschlossen.

Der große Unterschied

Wenn es also so etwas wie den freien Willen gibt, wie äußert sich das im Alltag? Wir versuchen es mit einer Annäherung, indem wir die Willensfreiheit in Zusammenhang mit den Begriffen Handeln und Verhalten setzen: Es ist ein großer Unterschied, ein sehr großer, ein himmelweiter Unterschied, ob Sie handeln oder sich verhalten. Ob Sie im Job aus einem hohen inneren Anspruch heraus selbst erkennen, dass Ihr Arbeitsergebnis noch nicht top ist und Sie deshalb aus freien Stücken nochmal nachbessern – oder ob Sie nachbessern, weil der Chef gemeckert hat. Ob Sie sorgfältig Ihre Ernährung zusammenstellen und die Mahlzeiten ganz bewusst und

106

fokussiert essen ... und das Essen dabei intensiv schmecken – oder ob sie bei der so notwendigen wie lästigen Nahrungsaufnahme in den Fernseher oder aufs Smartphone starren und das Essbare nebenher runterschlingen, um schnell damit fertig zu werden.

> Tiere verhalten sich,
> der Mensch aber ist
> in der Lage zu handeln.

Wenn Sie bei der Sache sind, achtsam und selbstbestimmt tun, was Sie wollen, dann handeln Sie. Wenn Sie rückenmarks- und kleinhirngesteuert Schmerz vermeiden und Lust erhöhen, dann verhalten Sie sich. Tiere verhalten sich, der Mensch aber ist in der Lage zu handeln. Und jede Handlung ist eine Wahl, eine Entscheidung gegen Alternativen. Denn Handeln ist niemals alternativlos. Prinzipiell nicht.

Das heißt, jedes Individuum wählt täglich. Auch die Wahl, in einer Situation nicht zu handeln und stattdessen in den biologischen Default-Modus des Verhaltens zurückzufallen, ist eine Entscheidung.

Das haben viele Menschen entweder nicht erkannt oder komplett vergessen. Sie vergessen einfach, dass sie über ihre Lebensumstände täglich neu entscheiden. Dass sie die Lebensumstände auch abwählen könnten, wenn sie wollten. Dass sie kündigen, umziehen, Schluss machen, Nein sagen könnten. Und dass sie, wenn sie es nicht tun und einfach weiter mitspielen, das dann aus Gründen tun, für die sie selbst verantwortlich sind.

107

Das Wie und das Was, mit dem Sie heute Ihre Zeit verbringen, ist also das Ergebnis der Summe Ihrer früheren Entscheidungen. Und das Wie und das Was, mit dem Sie morgen Ihre Zeit verbringen werden, ist ein Ergebnis der Summe Ihrer heutigen Entscheidungen.

Würden nur die Gene plus das gesellschaftliche Umfeld plus die Zufälle alles im Leben festlegen, dann bräuchten wir über unsere Handlungen überhaupt nicht nachzudenken und könnten uns wie Tiere auf das Verhalten beschränken. Erst die Fähigkeit und Möglichkeit, Ja oder Nein zu sagen, macht uns zu Menschen!

We've got to move this color TV

Die Freiheit der Wahl macht uns zu Menschen – wer sich diesem Gedanken gegenüber öffnet, hat gute Chancen, sich aus dem Klammergriff des »Schicksals« oder der »Umstände« zu befreien.

Allerdings ist die Zeit unsere knappste Ressource, denn die Lebensuhr tickt. Deshalb ist die wichtigste Entscheidung unter allen Entscheidungen, die wir treffen, die darüber, worauf wir die uns verbleibende Lebenszeit verwenden.

Die Deutschen haben durchschnittlich entschieden, pro Tag 223 Minuten fernzusehen. Diese Zahl ist beim Statistikportal Statista nachzulesen. Im Schnitt sind das mehr als dreikommafünf Stunden pro Tag, die vor der Glotze verbracht werden – das ist ein Siebtel des gesamten Tages.

»Glotzen und gammeln« betitelte die Süddeutsche Zeitung dieses Ergebnis.

Der Couch-Potato mit Chipstüte
und Fernbedienung im flackernden Licht
postmoderner Lagerfeuer, der nicht fernsieht,
sondern geférnseht wird

Wie kommt es dazu? Ist es Vorsehung, dass Fernsehen an erster Stelle der Freizeitbeschäftigungen rangiert oder eine höhere Macht, die dem Deutschen dieses Freizeitverhalten aufzwingt? Der Fernsehzuschauer als schicksalsgesteuerte Marionette im Spiel des Unabänderlichen? Der Couch-Potato mit Chipstüte und Fernbedienung im flackernden Licht postmoderner Lagerfeuer, der nicht fernsieht, sondern gefernseht wird?

Natürlich wird niemand dazu gezwungen. Kein Schicksal, keine Vorsehung und keine andere höhere Kraft sind dafür verantwortlich. Der Deutsche macht das aus Gewohnheit. So gut wie niemand fragt sich täglich aufs Neue ganz bewusst: Will ich heute drei Stunden vor dem Fernseher abhängen? – Häufig ist das Gegenteil der Fall: Der Griff zur Fernbedienung ist so selbstverständlich wie das Zubinden der Schuhe, bevor man das Haus verlässt.

Fernsehen ist so gut wie immer keine Handlung, sondern ein Verhalten. Warum? Weil die Fernsehenden meistens auf die Entscheidung über das Fernsehen verzichten. Sie fallen in den Default-Modus zurück. Zapp.

Das Perfide dabei: Die Gewohnheit wirkt wie eine Droge.

109

Das Belohnungszentrum im Gehirn steuert über die Dopa-min-Ausschüttung, dass wir im Verhalten hängen bleiben. Es fühlt sich angenehm an. Es schläfert ein. Und mit der Zeit wird es immer schwieriger, Nein dazu zu sagen.

Es geht uns nicht darum, diese Form der Freizeitgestal-tung zu verdammen. Ob Sie einen Fernseher haben oder ihn so wie wir schon lange abgeschafft haben, ist Ihre Entschei-dung. Es geht uns um etwas anderes, nämlich ob Ihnen Ihre Wahlfreiheit bewusst ist: Wollen Sie heute überhaupt vor der Glotze sitzen? Oder wollen Sie etwas ganz anderes machen? Und das betrifft alle Bereiche des Lebens, nicht nur die Fern-sehgewohnheiten.

Was mache ich routinemäßig, ohne groß darüber nachzudenken? Welche hohlen Routinen in meinem Leben sind wert, ausgemustert zu werden? Und was soll dann an deren Stelle treten?

Uns geht es um nichts weniger als die Rückbesinnung auf uns selbst und unsere Wahlfreiheit. Diese Form des bewussten Innehaltens bleibt nicht ohne Auswirkung: Wenn Sie darü-ber nachdenken, stoßen Sie früher oder später auf sich selbst. Wer sich auf diesen Weg einlässt, nimmt damit auch die Her-ausforderung an, sich selbst zu reflektieren und das eigene Denken und Handeln kritisch zu hinterfragen. Das macht Arbeit. Ja. Aber nichts verändert sich von selbst und Selbst-erkenntnis gibt es nicht im Supermarkt zu kaufen.

Zwischen Reiz und Reaktion

Die Sache mit der Wahlfreiheit wird aber noch komplexer. Denn sie kommt immer im Paket mit Verantwortung. Zwingend! Entscheiden, handeln, frei sein, das geht nicht, ohne verantwortlich zu sein. Denn ob wir Ja oder Nein sagen oder via Nichtentscheiden in den Verhaltensmodus zurückfallen: so oder so tragen wir die Verantwortung dafür. Und wenn wir sagen: Oh, das habe ich aber nicht gewusst! Dann sind wir auch dafür verantwortlich, es nicht gewusst zu haben.

Die Verantwortung anzunehmen bedeutet, damit aufzuhören mit dem Finger reflexartig auf andere zu zeigen. Auf den Chef, den Nachbarn, die Globalisierung, die Grundschullehrerin in der dritten Klasse oder den großen Bruder, der mir in einer entscheidenden Phase meiner Entwicklung den Teddybären weggenommen hat. Mit anderen Worten: Wir werden keinen Schuldigen finden. Wir werden uns nicht empören können. Wir werden uns nicht dahinter zurückziehen können, dass irgendein anderer seiner Verantwortung nicht gerecht geworden ist.

Wir sind gezwungen, mit dem Finger auf uns selbst zu zeigen. Und das ist der Zeitpunkt, an dem viele der Mut verlässt.

> Der große Bruder, der mir in einer entscheidenden Phase meiner Entwicklung den Teddybären weggenommen hat.

111

Viktor Frankl entwickelte das Prinzip der Proaktivität, das weit mehr bedeutet, als die Initiative zu ergreifen. Er meinte damit die bewusste Steuerung des eigenen Verhaltens unabhängig von äußeren Einflüssen, indem das Schema von Reiz und darauf folgender Reaktion durchbrochen wird. Den Raum zwischen Reiz und Reaktion zu nutzen, das ist das Kernstück von Proaktivität. Sich nicht unmittelbar aus einer Emotion heraus zu verhalten, sondern kurz »Stopp!« zu sagen und sich zu fragen: »Was will ich eigentlich, was soll das gewünschte Ergebnis sein?«

Und dann finden wir anstatt der Reaktion eine Antwort. Das ist der tiefere Sinn von Verantwortung: Ver-Antwortung – den Reiz in eine Antwort umzuwandeln, nicht nur in eine Reaktion.

Stephen Covey schrieb dazu, dass die beliebte Frage, ob wir primär ein Produkt der Natur, also unserer Gene, oder unserer Erziehung und unseres Umfeldes seien, auf einem unzutreffenden Paradigma beruhe, einer unkorrekten Landkarte von der Natur des Menschen, nämlich dem Determinismus. Seine Einschätzung:

> *»Wir sind weder ein Produkt der Natur noch unserer Erziehung, sondern ein Produkt unserer Entscheidungen, denn zwischen Reiz und Reaktion gibt es immer einen Raum. Wenn wir unsere Fähigkeit zu wählen weise einsetzen, uns dabei also auf Prinzipien stützen, wird er größer.«*

112

Das kommt nicht überall gut an. Der Determinismus, der in letzter Konsequenz jede Wahlfreiheit leugnet, ist tief in unserer Gesellschaft verankert. Manchmal heißt er Vorsehung oder Schicksal. In Köln sagen die Leute: Et kütt wie et kütt – es kommt wie es kommt. Und die Schwaben sagen: So isch's halt.

Für viele Menschen steht fest, dass sie nicht frei entscheiden können. Sie glauben nicht daran, verantwortlich zu sein. Nochmal Covey:

Solange jemand nicht ehrlich sagen kann: »Ich bin, was ich bin« und »Ich bin, wo ich bin, weil ich mich dafür entschieden habe«, kann er nicht mit Überzeugung sagen: »Ich entscheide mich anders.«

Das bedeutet: Alle Menschen, deren Weltbild eher deterministisch geprägt ist, geben die Verantwortung *freiwillig* ab. Der große Vorteil für Herrscher und Staaten dabei: Diese Menschen werden regierbar. Wenn man ihnen nur lange genug ins Ohr säuselt, dass es doch klar ist, dass sie es allein niemals schaffen, dann wird daraus die felsenfeste Überzeugung, dass der Mensch jemanden braucht, der ihm sagt, wo es langgeht: der Staat, das Amt, der Chef.

Müssen Sie noch oder sollen Sie schon?

Die Sache wird aber noch nuancenreicher: Viele Menschen hängen in unangenehmen Situationen fest, sehen das ganz bewusst und billigen sich dennoch nicht das Recht zu, diese zu ändern.

113

So auch der Vertriebsleiter eines großen Konzerns, der uns für einen Vortrag engagiert hatte. Nach dem Vortrag war er sehr aufgewühlt. Die Botschaft war ganz offensichtlich bei ihm angekommen. Er sagte: »Ja, volle Übereinstimmung! Sie haben mir aus dem Herzen gesprochen!«

»Ich sage nur:

Corporate Compliance ...«

Er suchte nach Worten, es war ihm sehr ernst: »Wir verschenken so viel Potenzial, weil wir uns nicht trauen, die ausgetrampelten Pfade zu verlassen! Das müssen wir ändern!«

Er sah auch die Gefahren deutlich: »Das ist doch Wahnsinn. Die neuen Wettbewerber sind viel agiler und unkonventioneller als wir ... die probieren einfach mal Dinge aus ...«

Er machte eine nachdenkliche Pause. Und dann ... ja, dann kam das, was wir häufig, allzu häufig hören. Und zwar quer durch alle Branchen. Er sagte: »Nur ... na, Sie wissen ja, wie das bei uns ist. Wir sind eben ein Konzern. Wir sind börsennotiert. Ich sage nur: Corporate Compliance ...« (genervtes Augenrollen) »Da bleibt kein Freiraum. Wie eine Zwangsjacke. Regeln. Vorschriften. Ich würde wahnsinnig gerne so vieles ändern ...« (resigniertes Schulterzucken, hilfloses Augenbrauenheben), »aber es geht nicht ...«

Das ist der Klassiker, den wir immer wieder hören. Die Protagonisten dieser Geschichten haben das Gefühl, lebendig begraben zu sein unter all den Regeln, Vorschriften, Genehmigungsprozeduren, Messgrößen, Prüfverfahren und Monatsberichten. Keine Frage, das überbordende Regelwerk in so manchem Unternehmen ist der nackte Wahnsinn. Aber trotzdem – ist das, was da geregelt, vorgeschrieben, festgelegt oder verfügt wird, wirklich das Ganze oder das einzig Mögliche?

> Regeln werden zur Blanko-Entschuldigung für alle, die schrecklich gern wollen, aber nicht dürfen.

Die Antwortet lautet schlicht und ergreifend NEIN. Jeder von uns hat einen Gestaltungsspielraum. Ja, es gibt Jobs, in denen dieser Freiraum eher gering ist. Zum Beispiel in Unternehmen, in denen jeder Handgriff bis ins letzte Detail vorgeschrieben ist. Aber das ist nicht die Realität der meisten unserer Leser. Viele haben einen erheblich größeren Freiraum zur Verfügung, als sie sich selbst eingestehen.

Stattdessen werden Sachzwänge und Routinen und Regeln angeführt, die es scheinbar unmöglich machen, irgendetwas zu gestalten. Regeln werden zur Blanko-Entschuldigung für alle, die schrecklich gern wollen, aber nicht dürfen. Das ist nicht verwerflich, nur sehr schade.

Wir haben die Möglichkeit, unseren Job und unser Leben mit mehr Gestaltungsfreiheit zu füllen, als viele es sich zutrauen oder zubilligen. Das Zulassen dieses Gedankens ist der erste Schritt in die Richtung eines selbstbestimmten Lebens.

Weg von, hin zu

Um herauszufinden, ob Sie etwas tun müssen oder ob Sie nur glauben, dass Sie es müssten, ist es sehr hilfreich, die Freiheit in zwei Sorten, zwei Teile oder besser gesagt in zwei einzelne Schritte zu zerlegen: in die *positive Freiheit* und die *negative Freiheit.*

Diese Unterscheidung geht auf den politischen Philosophen Isaiah Berlin zurück. Die negative Freiheit ist laut Berlin der Zustand, in dem die eigene persönliche Entfaltung nicht von anderen Menschen, Institutionen oder Ideologien und den von ihnen ausgehenden Zwängen begrenzt oder sogar verhindert wird. Negative Freiheit beruht also immer auf einem Akt der Befreiung, es ist die Freiheit *von etwas.*

Diese Freiheit heißt deshalb negative Freiheit, weil sie sich gegen einen Zustand der Unfreiheit richtet. Sie haben dabei kein konkretes Ziel vor Augen, das Sie stattdessen ansteuern möchten. Der Impuls der negativen Freiheit ist »Ich will weg von ...« – »Ich will weg von meinem Job, der mich mit seiner Eintönigkeit nervt.« – »Ich will weg von dem Unternehmen, in dem meine Talente verkümmern.« – »Ich will weg von meinem Partner, der mich mit seiner ewigen Eifersucht quält«.

Die positive Freiheit hingegen ist die Nutzung der gewonnenen Freiräume und Wahlmöglichkeiten, beispielsweise zur Gestaltung des eigenen Lebensentwurfs. Es ist die Freiheit *zu etwas.*

Mit positiver Freiheit ist ein Zustand der Freiheit gemeint, in dem wir unsere Möglichkeiten auch tatsächlich nutzen: Ich nehme mir die Freiheit, mir einen Job zu suchen, der mich erfüllt. Ich nehme mir die Freiheit, mir einen neuen Arbeitgeber zu suchen, der meine Talente schätzt und honoriert. Ich nehme mir die Freiheit, mir einen neuen Partner zu suchen, der mir Luft zum Atmen lässt.

Hierbei begnüge ich mich nicht mehr damit, zu erklären, was ich nicht mehr will (negative Freiheit), sondern ich definiere, was ich lieber möchte. Die Freiheit, ein Ziel anzustreben und zu verwirklichen, ist die positive Freiheit.

Negative und positive Freiheit unterscheiden sich nur in der Perspektive – Von-weg oder Hin-zu –, dieser Unterschied ist allerdings ganz erheblich.

Nämlich wenn es darum geht, zwischen Müssen und Sollen zu unterscheiden: Wären sich Menschen wie der Verkaufsleiter, mit dem wir uns nach unserem Vortrag unterhielten, ihrer negativen Freiheit bewusst, so wüssten sie, dass sie weggehen könnten, dass sie nicht weiter mitmachen müssen. Sie könnten sagen: »Ich brauche das nicht länger auszuhalten – die überbordende Regelwut ist kein Schicksal, dem ich mich kampflos ergeben muss!« Das ist die negative, die Weg-von-Freiheit.

Freiheit in zwei Schritten

Der erste Schritt ist also die Erkenntnis, dass wir diese Weg-von-Freiheit haben. Es geht in diesem ersten Schritt noch gar nicht darum, was ich ändere oder wie ich handle. Das, was wichtig ist, ist die Einsicht, dass wir etwas ändern können und dürfen.

Diesen ersten Schritt nicht zu gehen, bedeutet, sich zu arrangieren mit dem Übel. Das Negieren der Freiheit wird auch oft rationalisiert. Die eigene Passivität wird mit dem Wenn-dann-Spiel überschminkt: »Wenn der Vorstand endlich die vielen Regeln abschaffen würde, dann hätte ich wieder Spaß an meinem Job ...« – »Wenn mein Partner liebevoller wäre, dann würde unsere Ehe viel besser funktionieren ...«

Die Sehnsucht nach Befreiung von den überbordenden Regeln, dem öden Job oder dem wenig liebevollen Partner ist aber nicht identisch mit dem Willen zur Freiheit – also der Möglichkeit, sein eigenes, selbstbestimmtes Leben zu führen.

Der erste Schritt ist, sich der Einsicht zu öffnen, dass alles, was uns unfrei macht, dazu da ist, dass wir unsere eigenen Grenzen anschauen, anstatt andere anzuklagen.

Die eigene Passivität wird mit dem Wenn-dann-Spiel überschminkt.

Was diesen Gedanken so schwer macht für viele: Diese Freiheit erfordert Willenskraft, Arbeit und Selbstverantwortung. Diese Freiheit anzunehmen, beginnt mit einem entschiedenen NEIN! – Nein, ich will das nicht mehr. Nein, ich halte das nicht mehr aus. Und ja, ich kann da raus. Ja, ich will weg davon.

Wenn ich so weit bin, weil ich erkannt und akzeptiert habe, dass ich die negative Freiheit besitze, dann darf ich mich anschließend entscheiden, welches Ziel ich anstrebe und welchen Weg ich dahin nehmen möchte. Ab diesem Moment bin ich in der positiven Freiheit, der Freiheit *zu etwas*. Das ist der zweite Schritt.

Ein klares Von-weg-Ziel ist ein guter Ausgangspunkt. Um mich aber in Bewegung zu setzen, brauche ich eine Vorstellung davon, wohin ich gehen möchte. Das Bewusstsein, dass ich gehen möchte, gibt mir zwar die dafür nötige Energie, allerdings keine Richtung. Ich brauche also auch ein Hinzu-Ziel. Das sollte ein möglichst positives, kraftvolles und vor allem anziehendes Ziel sein. Und diese Anziehungskraft macht es viel leichter, mein Ziel zu erreichen.

Hätte-wäre-würde-
wenn-Geplänkel.

Wir brauchen beide Schritte: Ohne einen Sinn für unsere positive Freiheit nützt uns die negative Freiheit auf Dauer wenig. Wenn ich mir nicht zubillige, Ziele zu suchen oder zu schaffen, bleibt mein Leben ohne Richtung. Und ohne ein Bewusstsein für unsere negative Freiheit bleiben meine Wünsche im scheinbar unerfüllbaren Bereich: Luftschlösser und Träume, Hätte-wäre-würde-wenn-Geplänkel.

Lange genug gehofft

Das Blöde an der Freiheit ist, dass sie anstrengend ist. Viele haben gelernt, das Anstrengende zu vermeiden. Und noch blöder ist, dass an der Freiheit nichts sicher ist. Das sind verdammt schlechte Nachrichten für diejenigen, die glauben, sie könnten Freiheit inklusive Sicherheit im Paket bestellen.

In Deutschland hat es Tradition und erscheint vielen Menschen völlig normal, ihre Freiheit zurückzuweisen. Für sie ist es völlig in Ordnung, das eigene Schicksal daran zu knüpfen, dass EIN ANDERER etwas tut oder lässt.

Viele sind das einfach so gewöhnt, im Kindergarten und in der Schule »aufgerufen« zu werden – oder ansonsten ihre Klappe zu halten und stillzusitzen. Und so geht es weiter, von der Schule über die Uni bis zum Arbeitsplatz, immer gibt es eine höhere Instanz, an die die Verantwortung abgegeben wird. Diese Haltung ist nicht nur das Resultat eines auf Erfüllergeist getrimmten Bildungssystems und einer paternalistischen Unternehmenskultur. Das vorauseilende Abgeben von Verantwortung, das ist auch deutsche Leitkultur.

Man HOFFT, ausgewählt zu werden, ja, fände es nur gerecht, zu den Auserwählten zu gehören, aber man kann ja nur hoffen. Hoffentlich wird meine Bewerbung ausgewählt, hoffentlich wählt der Chef mich bei der nächsten Beförderung aus ...

Abwarten und hoffen, dass jemand mit dem Finger auf mich zeigt und sagt »Jetzt bist du dran!« wird zur Normalität. Dabei braucht es im Leben überhaupt keine höhere Instanz, keine Autorität, keine offizielle Erlaubnis, niemanden, der mit dem Finger auf Sie zeigt und Ihnen die Erlaubnis erteilt aufzustehen und loszulegen.

Das ist doch Wahnsinn: Warum darauf warten, dass Ihnen jemand sagt, dass Sie gut, wertvoll, besonders sind?

Warum wählen Sie sich nicht selbst?

Dass es in Deutschland auch erfreuliche Gegenbeispiele gibt, zeigt Renate Meidt. Sie hat lange mit der Selbstermächtigung gewartet – genau gesagt bis sie 55 Jahre alt war. Ihre Vorgesetzten bei der Spedition hatten sie mehrfach übergangen. Teamleiterin? Vergessen Sie's! Sie sollte einfach die kleine Disponentin bleiben. Doch dann war sie ihrer eigenen Ausreden überdrüssig und wählte sich einfach selbst. Im Klartext: Sie kündigte. Mit Mitte 50!

In einem kleinen Dorf tief in der Altmark in Sachsen-Anhalt stellte sie sich ein paar Computer und ein paar Telefone in den Keller ihres Wohnhauses und machte das, was sie bisher auch schon getan hatte: für Unternehmen, die etwas transportieren wollen, Lkw-Ladekapazitäten suchen und buchen. Nur tat sie es diesmal auf eigene Rechnung und nach ihren eigenen Vorstellungen. Und mit ihrer ganzen Erfahrung.

> Warum wählen Sie
> sich nicht selbst?

Im zweiten Jahr hatte sie bereits zwei Angestellte und machte 1,5 Millionen Euro Umsatz.

121

Dieser Fall enthält alles, was wir meinen, wenn wir von Freiheit sprechen: Sowohl die negative »Freiheit von« als auch die positive »Freiheit zu«: Wenn Sie sich frei machen von der

»höheren Instanz«, wenn Sie also darauf verzichten, jemandem die Verantwortung für Ihren Erfolg zu überlassen, wenn Sie aufhören, darauf zu warten, dass Sie auserwählt werden, dann wenden Sie Ihr Leben von außen nach innen.

Die Erlaubnis, das Beste aus Ihrem Leben zu machen, können Sie sich dann im Innern selbst geben. Dann erst werden Sie wirklich frei: Sie geben sich die Freiheit, etwas zu bewegen.

Nur ...

Nur: Was?

Was wollen Sie bewegen?

Ein klares Hin-zu-Ziel ist so etwas wie ein Nordstern im Leben. Ein Fixpunkt, der Orientierung gibt. So weit ist das klar. Doch selbst, wenn Sie ihn gefunden haben, es gibt ein Problem damit: Wer konsequent auf den Nordstern schaut, sieht all die vielen anderen Sterne und Sternbilder nicht mehr ...

6

Ein großes
Ja, viele Neins

René T. arbeitet als Logistikexperte in einem deutschen Unternehmen, das Niederlassungen in über 20 Ländern hat. Er ist zuständig für die Region Nordamerika und telefoniert deshalb regelmäßig mit Kollegen in den USA und Kanada. Wegen der Zeitverschiebung erledigt er das oft abends, meist von zuhause aus. Seine Familie findet das nicht immer toll, er findet es auch manchmal nervig. Aber eigentlich keine große Sache, gehört eben zum Job dazu.

Allerdings: Sein Arbeitgeber hat damit ein großes Problem! Denn auch, wenn der Arbeitnehmer mitspielt, der Arbeitgeber bewegt sich außerhalb der gesetzlichen Vorschriften. Streng genommen darf René T. am nächsten Tag nicht vor zehn Uhr dreißig im Büro erscheinen, wenn er tags zuvor noch um zweiundzwanzig Uhr dreißig ein Telefonat geführt hat. Das deutsche Arbeitszeitgesetz schreibt vor, dass Arbeitnehmer nach Beendigung der täglichen Arbeitszeit eine ununterbrochene Ruhezeit von mindestens elf Stunden bis zur Wiederaufnahme der Arbeit haben müssen.

Beides passt so gut zusammen
wie Abendkleid und Gummistiefel.

Außerdem arbeitet René T. oft achteinhalb Stunden am Tag, manchmal sogar ein klein wenig länger. Laut Gesetz darf die werktägliche Arbeitszeit der Arbeitnehmer acht Stunden nicht überschreiten. Hier die Normalität in zig Jobs – da das Gesetz. Beides passt so gut zusammen wie Abendkleid und Gummistiefel. Woran liegt das?

Es liegt daran, dass das Gesetz von 1994 stammt, also aus einer Zeit, als Helmut Kohl noch Kanzler war, Robbie Williams bei Take That trällerte und Madonnas Hintern noch faltenfrei war. Die Jugend kann sich das heute kaum vorstellen, aber das Internet und mobiles Telefonieren waren in der Breite der Bevölkerung überhaupt noch nicht angekommen und – kein Witz – man fuhr ohne Navi Auto; der Shell-Atlas war das TomTom unserer Generation.

Arbeiten bedeutete, an einem bestimmten Ort anwesend zu sein, weil es die Flexibilität, wie sie die neuen Kommunikationsmedien ermöglichen, noch nicht gab. Erst gut 20 Jahre ist das her. Aber die Zeiten haben sich in diesen zwei Jahrzehnten so gründlich geändert, dass das deutsche Arbeitszeitgesetz heute klinisch tot ist.

Natürlich, das Paragraphenwerk ist noch in Kraft. Aber

es ist ein Zombie. Würde sich die deutsche Wirtschaft daran halten, verlöre sie komplett die Konkurrenzfähigkeit.

Auch unser Empfinden, was normal ist, hat sich entsprechend angepasst: Spätabends noch einen guten Gedanken für das Meeting des nächsten Tages aufschreiben. Morgens von zuhause die E-Mails checken. Im Urlaub eine Skype-Schalte mit den Kollegen aus den USA ... Business as usual.

Die Anwesenheit im Büro steht gar nicht mehr im Vordergrund. Es ist ein praktischer Ort, um sich mit Kollegen auszutauschen, aber arbeiten kann man heute überall, im Zug, in der Abflughalle, im Café, im Co-Working-Space und von zuhause. Macht dann die Unterscheidung von Arbeit und Freizeit überhaupt noch Sinn? Ist Work-Life-Balance nicht schon deshalb kalter Kaffee, weil Leben und Arbeiten für viele Menschen überhaupt nicht mehr plausibel auseinanderdividierbar sind?

> Das deutsche Arbeitszeitgesetz
> ist klinisch tot.

Heute regiert Work-Life-Blending: ein Zustand, in dem Arbeit und Freizeit miteinander verschmelzen und dauernd die Führung wechseln. Das alles ist nun grundsätzlich weder gut noch schlecht, sondern einfach Realität. Aber es ist auch eine gewaltige Änderung unserer Lebenswirklichkeit.

Eine solche Entgrenzung benötigt dringend Autokorrektur durch Selbstermächtigung und eine bewusste individuelle Grenzziehung. Das bewusste NEIN spielt in diesem Zusammenhang eine ganz wichtige Rolle.

125

Wenn es keine vorgegebenen und klaren Grenzen mehr gibt, muss jeder Einzelne die Grenzen situativ angemessen für sich selbst ziehen.

Das ist sehr gewöhnungsbedürftig für diejenigen, die sich bisher prima damit arrangiert hatten, dass die Grenzziehung und das damit verbundene NEIN stets von anderen kam – und die damit auch kein großes Problem hatten, weil das System sie genau dafür gelobt und protegiert hat.

Die Ära, in der man damit gut über die Runden kam, geht zu Ende. Damit beginnt das Zeitalter der freiwilligen Selbstkontrolle, also selbständig zu entscheiden: Wozu sage ich Nein – und wozu nicht? Ein Nein verlangt von mir, meine Position zu überprüfen und die Konsequenzen zu tragen. Und es verlangt von mir, sehr viel mehr auf meine Selbstfähigkeiten zu setzen: Selbstdisziplin, Selbstorganisation, Selbstverantwortung, Selbsteinschätzung, Selbstkontrolle, Selbstvertrauen.

Das ist unabdingbar für alle, die ihre Selbstbestimmung nicht beim Management oder beim Staat abgeben. Es erfordert von uns eine Haltung – und das ist ist beileibe keine Petitesse oder nettes Zubehör für den Charakter.

Diese Haltung ist untrennbar damit verbunden, ein weiteres klares NEIN zu formulieren: Das Nein zur Selbstausbeutung. Wer ständig erreichbar ist und seinen Schreibtisch überall aufschlagen kann, muss lernen, Grenzen zu ziehen und für sich zu entscheiden, wann es an der Zeit ist, das Handy auszuschalten, den Computer herunterzufahren und Feierabend zu machen. Das hat wiederum eine Menge mit einem gesunden Trieb zur Selbstbehauptung und Selbsterhaltung zu tun.

Chefs müssen lernen, diese Grenzen als Selbstverständlichkeit zu akzeptieren. Und sie müssen ihren Mitarbeitern vertrauen und ihnen zugestehen, ihren Freiraum zu nutzen und ihr Pensum autonom zu gestalten.

Gesetze oder Tarifverträge von gestern werden jedenfalls niemanden davor schützen, zu viele Zugeständnisse zu machen.

Niemand hat behauptet, dass das einfach ist. Aber wir glauben daran, dass es langfristig der richtige Weg ist. Und dass man sich besser jetzt schon darauf vorbereitet. Die Veränderung ist unausweichlich. Das Arbeitsmodell der Zukunft heißt nicht 9 bis 17 Uhr, sondern: Es ist deine Zeit. Teile sie dir selbst ein.

Das bin ich – und das bin ich nicht!

N, E, I und N sind nicht nur schwer wiegende, sondern auch mächtige Buchstaben. Dem Nein entspringt die Macht über das eigene Leben, die Chancen zur Gestaltungsfreiheit.

Jedes Nein trägt in sich eine Dualität aus Ermächtigung und Abgrenzung. Dabei sind Macht und Grenzen nichts Schlechtes, sondern ein wesentlicher Bestandteil des Lebens: Jeder lebendige Organismus benötigt Grenzen, um sich selbst zu schützen.

Um zu überleben und zu gedeihen muss jeder Mensch und jede Organisation in der Lage sein, Nein zu sagen zu allem, was Sicherheit, Würde und Integrität bedroht. Eine gute

127

Grenze im Sozialen oder im Ökonomischen ist so wie in der Biologie immer eine semipermeable Membran – keine hermetische Abdichtung. Es gibt ein Rein und ein Raus, es muss Grenzübertritte geben dürfen. Aber eben organisiert und nicht willkürlich. Das Schlechte muss raus, das Gute muss rein, ganz entschieden. Darin steckt eine subjektive Bewertung, zu der jeder Mensch und jede Organisation das Recht hat: Sie müssen niemanden heiraten, den Sie nicht heiraten wollen und ein Unternehmen muss niemanden einstellen, den es nicht einstellen will.

Das Schlechte muss raus,
das Gute muss rein,
ganz entschieden.

Nein ist der Schlüsselbegriff zu Identität, Ordnung, Struktur und Disziplin. Regeln und Gesetze werden häufig in Form eines Nein formuliert. Von den zehn Geboten in der Bibel beispielsweise sind acht als Nein formuliert. Da steht nicht: »Du sollst am Leben lassen!«, sondern: »Du sollst nicht töten!« –

Das Nein vermittelt Klarheit und Genauigkeit und sein Nutzen geht weit über Schutz und Disziplin hinaus. Kinder in der Trotzphase üben das Neinsagen ... bis die Nerven der Eltern völlig blank liegen. Das ist eine extrem wichtige Entwicklungsphase, in der Kinder lernen, eigenständig zu handeln und Grenzen zu setzen. Sie beginnen zu definieren, wer sie sind – und wer sie nicht sind. »Nein, das esse ich nicht! Nein, das ziehe ich nicht an! Nein, da will ich nicht hingehen!« – Damit sagen sie implizit: »Ich existiere! Ich habe ein Recht auf meine Gefühle. Ich habe ein Recht auf meine Meinung. Ich bin ich selbst.«

So auch später im Leben: Nein sagen ist ein wesentlicher Bestandteil der lebenslangen Weiterentwicklung eines jeden Menschen.

Nein ist das Schlüsselwort für die Definition unserer Identität oder – auf Unternehmensebene – der Marke.

Wer nicht Nein sagt, gibt seine Identität zur allgemeinen Interpretation frei, denn das Selbst wird durch das definiert, wozu man Nein sagt.

Nein sagen ...
bis die Nerven der Eltern
völlig blank liegen.

Und das Nein ermöglicht uns, eine individuelle Grenze zu ziehen zwischen den Interessen anderer und unseren eigenen Interessen. Diese Grenze geschickt und angemessen zu setzen, ist heute extrem wichtig geworden. Wer sein Nein nicht kennt und es anderen überlässt, Entscheidungen für ihn zu treffen, muss sich nicht wundern, wenn am Ende nichts mehr übrig bleibt, woran er sich halten kann. Es ist also von größter Bedeutung, gut im Neinsagen zu sein.

129

Sie müssen nicht Everybody's Darling sein

Jede Organisation, jede zweckorientierte Ansammlung von Menschen wird nur dadurch stark und unterscheidbar, dass sie Grenzen setzt. Und das bedeutet unter Umständen, dass es Gegner braucht: Seht her, die da, das sind NICHT wir. Wir sind die Bayern und nicht Borussia Dortmund! Diese Abgrenzung ist so klar, dass selbst ein Bayern-Fan, der nach zwei Tagen Pokalrausch statt eines Gehirns nur noch eine ausgewrungene Windel im Schädel hat, sie spielend hinbekommen würde. Und auch umgekehrt ist da wenig zu befürchten ...

Und was für den Sport gilt, das gilt genauso für die Wirtschaft: Unternehmen, die durch Abgrenzung eine starke und attraktive Kultur ausstrahlen, ziehen Menschen an, sowohl Mitarbeiter als auch Kunden. Und natürlich stoßen sie auch andere, die nicht dazu passen, ab: Wenn ein Unternehmen eine freiheitliche Arbeitsweise pflegt, in der es viel Selbstverantwortung braucht, um zu Ergebnissen zu kommen, dann zieht das Leute an, die damit etwas anzufangen wissen – und stößt Leute ab, die im Job erwarten, dass ihnen jemand sagt, was zu tun ist.

McKinsey zum Beispiel ist ein Unternehmen mit starker Abgrenzung. Viele gut ausgebildete Berufsanfänger würden nackt über Glasscherben kriechen, wenn sie dafür die Chance bekämen, bei McKinsey anzufangen. Andere würden lieber nackt über Glasscherben kriechen, um NICHT bei

McKinsey arbeiten zu müssen. Die starken Eigenheiten, die McKinsey von anderen Unternehmen abgrenzen, polarisieren. Und das macht stark und schafft ein Gefühl von Zugehörigkeit. Alle aktuellen und sogar auch die ehemaligen Mitarbeiter bezeichnen sich selbst als »Meckies«. Einmal Meckie, immer Meckie, ein Leben lang. Diese Bezeichnung wird getragen wie ein Orden. So etwas gibt es bei weniger polarisierenden Marken nicht.

> Viele gut ausgebildete Berufsanfänger
> würden nackt über Glasscherben kriechen,
> wenn sie dafür die Chance bekämen,
> bei McKinsey anzufangen.

Marken dürfen und sollen durchaus polarisieren. Sie müssen nicht Everybody's Darling sein. Wer es allen recht machen will, endet bekanntlich im Mittelmaß. Dass das markenstärkende NEIN in der Praxis so selten ausgesprochen wird, hat einen nachvollziehbaren Grund. Ein NEIN bedeutet, sich auf das festzulegen, was man nicht tut.

Dummerweise liegt da aber auch genau die Schwäche des Neins: Die Festlegung darauf, was man nicht tut, kommt nicht mit der eingebauten Sicherheit, dass sich das auch im Nachhinein als brillante und einzig richtige Entscheidung herausstellt. Genau das schreckt die Ängstlichen ab. Sie legen sich nicht fest und versuchen, alle Optionen offenzuhalten. Das Ergebnis: Verwechselbarkeit bis zur Unkenntlichkeit. Alle Konturen werden unermüdlich glattgeschliffen. Alles ist total beliebig und austauschbar.

131

Ein gefundenes Fressen für jeden einigermaßen cleveren Konkurrenten, der es versteht, ein paarmal öfter Nein zu sagen.

Not-to-do-Listen

Je mehr wir darüber nachdenken: Nein ist eines der besten, wertvollsten, »positivsten« Wörter, die wir kennen. Ja, vielleicht ist Nein tatsächlich der wichtigste Bestandteil unseres Wortschatzes. »Die Geschichte des freien Menschen wird nie vom Zufall geschrieben, sondern durch Entscheidungen – seine Entscheidungen.« Ein Satz wie ein Paukenschlag! Dwight D. Eisenhower, der 34. Präsident der Vereinigten Staaten, hat in diesem einen Satz exakt auf den Punkt gebracht, warum Nein eines der wertvollsten Wörter überhaupt ist.

Dieser besondere Wert des Neins ist uns bewusst geworden, seitdem wir vor rund fünf Jahren damit begonnen haben, eine Not-to-do-Liste zu führen. Alles, was wir nicht mehr tun wollen, setzen wir auf diese Liste, sozusagen auf unseren ganz privaten Index. Nach jedem »Na, das hätten wir uns aber echt sparen können« oder »Das hat's doch wirklich nicht gebracht« wird eben dieses misslungene Stückchen Alltag auf die Liste gesetzt: Reizmüll, Bekanntschaftsmüll, Konsummüll, News-Müll, Nahrungsmüll.

Nein, wir wollen kein Fast Food essen und auch keine Fertigmahlzeiten! Und wir wollen nicht fernsehen! Wir wollen unsere Zeit auch nicht mit Menschen verbringen, die uns nerven, und wir wollen keinen Smalltalk aus Verlegenheit führen!

Das alles wollen wir nicht – aber nicht, weil wir irgendwas verteufeln wollten. Wir wollen diese Dinge deshalb nicht, weil wir für uns persönlich beschlossen haben, dass sie für uns überflüssig sind. Dadurch ist uns erst so richtig bewusst geworden, wie viele alltägliche Kleinigkeiten uns den Kopf verstopfen. Wir hätten vorher nicht geglaubt, wieviel Zeug wir in unserem Leben akzeptieren, obwohl wir ohne all das wunderbar auskommen. Das Lähmende, Energiesaugende, Fremdbestimmte einfach wegzulassen, hält den Kopf frei fürs Wesentliche: Bei uns ist es das kreative Denken und Schreiben, Ideen zusammenführen, Inhalte produzieren. Plötzlich ist viel mehr Raum dafür da!

Wir haben für uns jedenfalls herausgefunden: Etwas NICHT zu tun ist eine ebenso wichtige Entscheidung wie etwas zu tun. Wenn nicht eine noch wichtigere.

Wir behaupten nicht, dass es einfach ist, Nein zu sagen. Nicht im Privaten und nicht im Beruf. Insbesondere dann, wenn sich der Neinsager im offenen Gegensatz zur herrschenden Mehrheit oder zur herrschenden Unternehmenskultur befindet. »Nichts ist schwerer und nichts erfordert mehr Charakter, als sich in offenem Gegensatz zu seiner Zeit zu befinden und laut zu sagen: Nein.« Dieser Satz des Schriftstellers und Journalisten Kurt Tucholsky bezeugt die Schwierigkeit der öffentlichen Äußerung eines Nein. Mut ist, trotzdem genau hinzusehen und wahrzunehmen, was passiert – statt wegzuschauen oder sich wegzuducken.

133

Nichts erfordert mehr Charakter,
als im offenen Gegensatz zu seiner Zeit
laut NEIN zu sagen.

Aber es muss ja nicht immer das ganz große Nein sein – auch die vielen kleinen Neins im Alltag können sehr viel bewegen.

Doch wie viele Menschen haben den Mut, aufzustehen und ihr Nein zu vertreten?

Wie viele sagen: »Nein, ich sehe das anders. Ich finde diesen Weg nicht richtig, weil ...«? Und wie viele Menschen führen die Anweisung vom Chef kommentarlos aus, obwohl sie sie für falsch halten? Oder die Entscheidung des Kunden, die in ihren Augen ein Fehler ist?

Ob das letztlich den Lauf der Dinge ändert, steht auf einem ganz anderen Blatt. Es wäre überoptimistisch zu erwarten, dass sich ein einzelner Abweichler immer durchsetzt. Das mag in seltenen Fällen gelingen, aber häufig auch nicht. Aber darum geht es auch nicht. Es geht vielmehr um den aufrechten Gang. Unabhängig davon, ob das Nein etwas ändert. In vielen Situationen des Unternehmensalltags werden wir trotzdem akzeptieren müssen, was wir verneinen. Der Unterschied liegt aber in der Haltung. Die eine Haltung beugt sich der Macht und denkt sich: »Hm, da kann ich ja sowieso nichts machen, also stimme ich zu und sage erst gar nicht Nein.« – Die andere Haltung bleibt aufrecht und tut das Angeordnete ohne sich zu beugen. Sie akzeptiert die Macht, aber nicht die Meinung. Sie sagt: »Ich habe die Freiheit und

das Recht Nein zu sagen und dieses Nein auch zu äußern –
auch wenn ich trotzdem das Ja ausführen muss.«

Diese Entscheidung für oder gegen eine aufrechte Haltung treffen wir jeden Tag aufs Neue. Heben wir beim nächsten Mal im Meeting die Hand und vertreten unsere Überzeugung? Oder nicken wir weiter mit den anderen, weil es
einfacher und ungefährlicher ist?

Die drei Gesichter des Nein

Warum es für viele so schwierig ist, das Nein auszusprechen,
ist im Kern auf das Spannungsverhältnis zwischen Machtaus-
übung und Beziehungspflege zurückzuführen: Sie wollen ja
niemanden vor den Kopf stoßen! Macht ausüben ist ein zen-
traler Bestandteil des Neinsagens, belastet in der Regel aber
die Beziehung. Die Beziehung zu pflegen kann aber die eigene
Macht schwächen. Diesem Dilemma begegnen die meisten
Menschen mit drei Verhaltensstrategien: anpassen, angreifen
oder ausweichen – wie William Ury in *Nein sagen und trotzdem erfolgreich verhandeln* schreibt.

Anpassung bedeutet: Wir sagen Ja, wenn wir eigentlich
Nein sagen wollen. Das heißt, wir opfern unsere eigenen Interessen der Beziehung, die wir unbedingt erhalten wollen. Mit
einem Ja, das sich nicht gut anfühlt, erkaufen wir uns einen
brüchigen, temporären Frieden.

Das Problem dabei: Am Ende bereuen wir alles. Und keiner hat gewonnen. Hätten wir stattdessen angreifen sollen?

Ein Schritt vor, zwei Schritte zurück,
es wird taktiert, ausgesessen, angegriffen,
Probleme werden verlagert oder
unter den Teppich gekehrt.

Angreifen bedeutet, wir sagen auf unangemessene Weise Nein. Es ist der direkte Gegenentwurf zum Anpassen: Die Beziehung wird der Macht geopfert. Wir handeln nicht aus Angst, wie bei der Anpassung, sondern im Zorn. Wir rennen geradewegs in den Konflikt.

So sind wir möglicherweise wütend, weil jemand anderes uns verletzt hat oder überzogene Forderungen an uns hat. Vielleicht sind wir auch frustriert über die Situation. Und dann schlagen wir zurück: Wir sagen auf eine Weise Nein, die den anderen verletzt und die Beziehung belastet.

»Der Kern eines jeden destruktiven Konflikts auf der Welt – sei er nun groß oder klein – ist ein Nein«, schreibt Ury. Und das werden wir eines Tages bereuen: Wären wir also besser ausgewichen?

Ausweichen bedeutet Vermeidungsverhalten. Wir sagen lieber gar nichts. Weder Ja noch Nein. Wir legen uns nicht fest. Wir halten lieber den Mund und versuchen den Status Quo zu bewahren.

Aber das heißt nur, dass ein anderer oder Sie selbst zu einem späteren Zeitpunkt die Konsequenzen tragen werden. Vielleicht verlagert sich das Problem, aber niemand wird es für Sie aus der Welt schaffen. Egal, wie die Sache ausgeht, was auf jeden Fall auf der Strecke bleibt, ist Ihre Selbstachtung. Und Sie werden auch diese Strategie bereuen.

Die Kombination aller drei Strategien können Sie in der Politik bestens beobachten. Es wird gestritten und gezankt, Probleme werden ausgesessen, wichtige Entscheidungen werden geopfert, um die Klientel oder den Koalitionspartner nicht zu verärgern, ein Schritt vor, zwei Schritte zurück, es wird taktiert, abgewartet, angegriffen, Probleme werden verlagert oder unter den Teppich gekehrt, es wird geredet und geredet, die einen empören sich, die anderen echauffieren sich, die nächsten regen sich auf, die übernächsten beschwichtigen und so weiter.

Dieselben Kombinationen aus allen drei Strategien finden Sie in so manchen Paarbeziehungen und Familien. Und natürlich in vielen Unternehmen mit mieser Betriebskultur. Sie finden mühelos die Typen von Menschen, die ständig zwischen den drei Verhaltensweisen pendeln: anpassen, angreifen und ausweichen. Aber Menschen mit einer klaren Haltung, die ihre Meinung so artikulieren können, dass sie die anderen mitnehmen, finden Sie dort nur selten.

In der typischen, mittelmäßigen Unternehmenskultur geht es wie in der Politik fast immer nur um Beziehungen und Macht. Was nichts anderes heißt, als dass niemand zu seinem großen Ja steht und darum die vielen zugehörigen Neins nicht offen, ehrlich und fair ausgesprochen werden. Die Folge: Das Einzige, was nicht im Mittelpunkt steht, ist der Kunde respektive der Bürger. Die Hoffnung, dass es in diesen Unternehmen und politischen Gremien eine effektive Zusammenarbeit zur zielgerichteten Lösung der Probleme des Kunden respektive des Bürgers gäbe, ähnelt der Hoffnung, unser Kater Spiky könne lernen, auf seinen Hinterbeinen zu laufen.

Der Kern einer Strategie besteht darin
zu bestimmen, was man NICHT macht.

Auch darum brauchen wir dringend mehr Kompetenz im Neinsagen! Doch dazu muss man auch angemessen Ja sagen können.

Es ist sogar so: Man kann erst dann wirklich Ja sagen, wenn man wirklich Nein sagen kann. Und nur wenn man sein Ja kennt, gelingt das Neinsagen.

Jeden Tag müssen wir Entscheidungen treffen, ob große oder kleine. Und jedes Ja zu einer Alternative zieht automatisch ein Nein zur nächsten nach sich. Nein zwingt uns, Position zu beziehen. Nur Nein gibt Platz fürs Ja.

Strategieprofessor Michael Porter bringt es brillant auf den Punkt: »Der Kern einer Strategie besteht darin zu bestimmen, was man NICHT macht.«

Das Nein ermöglicht uns, auf persönlicher, beruflicher und gesellschaftlicher Ebene Grenzen zu setzen, um das zu schützen, was uns etwas bedeutet. Drei Fragen helfen dabei.

- Erstens: Wozu bin ich bereit, Nein zu sagen? Was wir entscheiden nicht zu tun, ist mindestens so wichtig, wenn nicht sogar wichtiger als das, was wir entscheiden zu tun.
- Zweitens: Welchen Preis bin ich bereit dafür zu zahlen?
- Drittens: Welche Dinge sind es wert, stattdessen getan zu werden?

Diese Fragen fordern uns dazu auf, dem Leben mit Wachheit zu begegnen. Der Schlüssel dazu: Wir müssen uns regelmäßig die Zeit nehmen, über das eigene Leben und das, was wir tun, nachzudenken. Investiere ich also Zeit und Kraft in die Selbstreflexion oder führe ich ein gebrauchtes Leben und nehme alles, wie es kommt, ohne mich zu fragen, wie es meiner gewünschten Zielrichtung näher kommen kann?

Kein Nein ohne Ja!

Der erste Schritt beginnt beim Ja, nicht beim Nein. Es geht darum, unser Nein in einem tieferen Ja zu verwurzeln, einem Ja zu unseren eigentlichen Interessen und zu dem, was für uns wirklich von Bedeutung ist.

DAS JA ZEIGT UNS DIE RICHTIGE RICHTUNG. Wir wissen, wo wir stehen und wo wir mit dem Nein hinwollen.

DAS JA VERSORGT UNS MIT ENERGIE. Es gibt die Kraft, Nein zu sagen und dabei zu bleiben, auch wenn wir auf Widerstand stoßen. Wenn Sie auf einen Menschen treffen, der sein großes Ja kennt, dann merken Sie das. Erstaunlicherweise sind dessen Neins viel leichter zu akzeptieren. Sie werden nicht als Angriff verstanden, sondern wirken nur konsequent. Dieser Mensch wirkt klar und steht für etwas.

Einer, der diese Klarheit und Konsequenz verkörpert, ist Jason Fried, ein Unternehmer aus Chicago. Er reduziert sein Unternehmen auf das Wesentliche:

> Wenn Sie
> auf einen Menschen treffen,
> der sein großes Ja kennt,
> dann merken Sie das.

Stellen Sie sich vor, Ihr Unternehmen wächst enorm, Ihre Produkte verkaufen sich sensationell gut, der Gewinn steigt stetig, der Kundenstamm wird immer größer und mehr noch: Die Kunden sind begeistert, Ihr Unternehmen hat echte Fans und die Unternehmensgründer genießen Kultstatus. – Was machen Sie?

Investieren, richtig? Also mehr Mitarbeiter. Mehr Produkte. Mehr Features. Mehr Marktanteil.

In jedem Fall wachsen, wachsen, wachsen. Logisch! Das ist ein ganz normaler Reflex. Kriegskasse gefüllt? – Ab in die Schlacht und noch MEHR gewinnen. Alle machen das so. Die »Mehr-ist-besser-Philosophie« ist quasi in die DNA unserer Gesellschaft eingeschrieben. Die ganze Wirtschaft ist so programmiert.

Die ganze Wirtschaft? Nein! Basecamp in Chicago tickt anders. Jason Fried, einer der beiden Gründer, sagte im Interview mit brand eins: »Die meisten Firmen kommen zu leicht an zu viel Geld heran und schmeißen es für Marketing und neue Stellen raus. Ich stelle lieber so wenige Leute wie möglich und so spät wie möglich ein.«

Und dieser Minimalismus ist Programm: Bei hunderttausenden von Kunden weltweit hat das Unternehmen gerade mal ein paar Dutzend Mitarbeiter, die alle in das eine Büro passen würden (wobei viele von zuhause aus arbeiten). Basecamp stattet seine Software-Produkte mit so wenigen Features wie möglich aus. Manager gibt es keine. Nicht nötig.

Doch dann startete das Unternehmen seinen bislang größten Coup: Das Unternehmen beschloss, sich aufgrund des riesigen Erfolgs zu verkleinern.

Sie haben richtig gelesen: ZU VERKLEINERN!

Dieser Entschluss ist geradezu unverschämt. Sie behielten lediglich ein einziges Produkt, eben Basecamp, tauften ihre Firma neu auf den Namen dieses Produkts und stießen alle anderen Softwareprodukte, die übrigens allesamt ebenfalls erfolgreich sind, nach und nach ab.

> Verkleinern!
> Dieser Entschluss ist geradezu
> unverschämt.

Und statt diese wertvollen Assets an die höchstbietenden Softwarekonzerne zu verscherbeln, gaben sie die Produkte lieber in die Hände von Kollegen, die sie gut kennen und von denen sie wissen, dass dort die Kunden wiederum in guten Händen sind.

Basecamp macht in vielen Dingen genau das Gegenteil dessen, was alle tun würden. Und trotzdem sind sie enorm erfolgreich ... Nicht trotzdem. Wir sind davon überzeugt: Gerade deswegen!

In einem extrem wettbewerbsintensiven Markt, in dem es von aufgeblasenen und mit Features überladenen Produkten nur so wimmelt und in dem der nächste Wachstumsschub mit noch mehr Wagniskapital angeschoben wird, sagt

Basecamp Nein zu noch mehr Wachstum, noch mehr Umsatz, noch mehr Mitarbeitern, noch mehr Gewinn. Und dieses Nein wurzelt in einem großen Ja. Es ist das Ja zum Wesentlichen: Ein tolles Produkt und zufriedene Kunden. Punkt. Das ist alles.

Erfolg durch Nicht-Übertrumpfen der Wettbewerber ... das hat was!

Die Macht unseres Nein entspringt der Macht unseres großen Ja

Um unser großes Ja nicht aus den Augen zu verlieren, ist es wichtig, achtsam zu sein und sich selbst zu reflektieren.

Doch was heißt das? »Das ungeprüfte Leben ist für den Menschen nicht lebenswert.« Mit diesen Worten hat Sokrates in seiner Verteidigungsrede vor den Athener Richtern den Wert der philosophischen Selbstreflexion hochgehalten. In anderen Worten: Wenn wir unser Leben nicht permanent überprüfen, um sicherzugehen, dass seine Ausrichtung noch stimmt, besteht die große Gefahr, dass wir das Leben eines anderen führen. Dann müssen wir am Ende unseres Lebens womöglich erkennen, dass der Pfad, den wir beschritten haben, nicht unser eigener war.

Ein gelungenes Leben erfordert Weisheit, mehr nachzudenken und sich immer und immer (und immer) wieder zu fragen, ob das eigene Leben noch in der richtigen Richtung verläuft, und es so anzupassen, dass es unseren Vorstellungen noch mehr entspricht.

Also Nein zu sagen zu allen Wegen, die auch noch möglich sind, allen Verlockungen, die zwar interessant sind, mich aber von meinem Weg abbringen würden.

Genau daran fehlt es vielen Menschen. Sie leben ein unreflektiertes Leben und nehmen alles, wie es kommt, ohne sich groß zu fragen, wie sie ihrer gewünschten Zielrichtung näher kommen können.

Und schon winken Bestätigung und Zuspruch der anderen Schafe. Mäh!

Das ist verständlich: Ein entschiedenes Ja zu dem, was wir gewählt haben und ein entschiedenes Nein zu dem, was uns von unserem Weg abbringt, verlangt persönlichen Einsatz und die Einsicht, dass der Ausgang des Prozesses offen ist. Doch das ist schon wieder unbequem und ein bisschen unsicher, also etwas, das unserer Kultur nicht entspricht. Offene Möglichkeiten, neue Wege? Da folgt man doch lieber dem Trampelpfad der Herde. Und siehe da, schon winken Bestätigung und Zuspruch der anderen Schafe. Mäh!

143

Unsere tiefe Überzeugung: Es geht nicht darum, mein Leben danach auszurichten, worauf *es* ankommt, sondern danach, worauf es *mir* ankommt: Ist mein Leben nach den Dingen ausgerichtet, die mir wirklich wichtig sind? Bin ich der Mensch, der ich sein will?

Um sich solche Fragen zu stellen, brauchen Sie Zeit. Neulich haben wir ein fantastisches Interview mit einem der besten Fußballtrainer der Welt gelesen: José Mourinho. Faszinierend fanden wir daran nicht nur, dass der Portugiese im Gespräch so völlig anders auftritt als am Spielfeldrand oder auf seinen berüchtigten Pressekonferenzen: Er klang ruhig, selbstreflektiert und ja, fast schon bescheiden.

Was wir außerdem noch nie von einer erfolgreichen, viel beschäftigten Führungspersönlichkeit öffentlich gehört haben, ist folgende Passage: »I need my time to be lonely (...) I need to reflect, I need to try to anticipate problems. I need my time.«

José Mourinho kommt jeden Morgen um halb acht als Erster aufs Trainingsgelände, geht in sein Büro, verschließt die Tür und bleibt dort für zwei Stunden. Alleine. Jeden Tag.

> In vielen Unternehmen ist es weitaus besser für die Karriere, sich vor die Tastatur zu setzen und Beschäftigung zu simulieren.

In den meisten Unternehmen wäre so etwas undenkbar! Wenn Sie diese Einschätzung für übertrieben halten, dann probieren Sie doch mal Folgendes aus: Setzen Sie sich mitten am Tag ganz entspannt mit einem Espresso auf die Besuchercouch und schauen in die Luft. Wie lange dauert es, bis einer der gehetzten Laptop-wichtig-durch-die-Gegend-Tragenden,

einer der gestressten Pausenlos-das-Handy-ans-Ohr-Halten-
den oder einer der geschäftigen Absatzzahlen-in-Papiersta-
peln-Suchenden zum abschätzigen Blick auch noch ein paar
missbilligende Sprüche in Ihre Richtung schleudert?

In vielen Unternehmen ist es weitaus besser für die Karriere, sich vor die Tastatur zu setzen und Beschäftigung zu
simulieren als zehn Minuten aus dem Fenster in die Wolken
zu schauen. Dabei sind wir sicher, dass in den Wolken ein
paar gute Gedanken schneller und sicherer zu finden sind als
vor dem Bildschirm.

Schuld an unserer gedankenverlorenen Rastlosigkeit ist
aber nicht nur die vorherrschende Unternehmenskultur. Wir
stehen uns auch selbst im Weg: Der Drang, immer beschäftigt, immer erreichbar, immer angestrengt zu sein, ist der
grimmigste Feind des Nachdenkens. Mal ehrlich: Den »Aus«-
Knopf des Handys zu bedienen, den Stecker zu ziehen und
mal still zu sitzen, das müssen viele erst wieder lernen!

Und genau so wie jeder Einzelne wieder lernen sollte,
sich ohne schlechtes Gewissen kreative Auszeiten zu nehmen, sollten Unternehmen lernen, Räume des Zweckfreien
zuzulassen. Denn gerade dort tut sich oft ungeplant Entscheidendes.

Fließbänder funktionieren auf Knopfdruck, Kreativität
tut es nicht. Ausgepowerte Fließbandarbeiter lassen sich –
krass gesagt – einfach austauschen wie Ersatzteile. Aber das
Fabrikzeitalter ist vorbei. Die meisten Menschen arbeiten
heute auf der Basis von Wissen und Erfahrung – sie benutzen
ihren Kopf. Und das erfordert Zeit und Ruhe zum Denken.

145

7

Eine Frage
der Haltung

Das Industriezeitalter und die damit verbundene Kultur der engen Vorgaben, strikten Hierarchien und dumpfen Routinearbeit ist längst mausetot. Der alte Deal funktioniert nicht mehr. Heute haben wir einen weit offenen Raum an möglichen Arbeits- und Lebensformen. In einem solch veränderten Umfeld sind die alten Begrenzungen ungefähr so passend wie ein Auftritt von Roberto Blanco beim Punk & Disorderly Festival.

Allerhöchste Zeit also für Aufbruch und Veränderung. Und hier kommen die Menschen ins Spiel, die ihre Freiheit annehmen und auf ihre Selbstbestimmung setzen. Sie hinterfragen die ausgediente Wertewelt eines längst vergangenen Zeitalters und akzeptieren die engen Grenzen nicht mehr. Das ist doch sehr gut, oder? Wir brauchen doch dringend Erneuerer, die nach praktikablen Wegen für eine neue Zeit suchen. Wir brauchen Menschen, die Neues vorantreiben. Insofern müssten doch diejenigen, die sich Freiheit und Selbstbestimmung noch nicht so recht zutrauen, eigentlich dankbar sein, dass es andere gibt, die vorangehen und nach neuen Antworten suchen.

Müssten sie eigentlich ... tun sie aber nicht.

Zwar werden die alten Maßstäbe der neuen Zeit längst nicht mehr gerecht, aber das bedeutet noch lange nicht, dass das alte Denken auf dem Rückzug ist.

Ganz im Gegenteil – die Vertreter des alten Denkens haben die heilige Dreifaltigkeit aus Gewohnheit, Routine und Scheinsicherheit auf ihrer Seite. Und an diesen alten Maßstäben müssen sich diejenigen, die davon abweichen, messen lassen. Das führt zwangsläufig dazu, dass Menschen, die ihre Freiheit annehmen und Selbstbestimmung leben, nicht ins System passen. Sie ecken an.

In weiten Teilen der Bildungs- und Arbeitswelt gilt Selbstbestimmung als abweichendes Verhalten, als egoistisch und verantwortungslos. In einer Kultur, in der Ich und Wir als Widerspruch gesehen werden, sind das diejenigen, die immer ihren eigenen Kopf durchsetzen – auf Kosten der anderen. Ich-AGs auf zwei Beinen, für die Solidarität und Verantwortungsbewusstsein Fremdworte sind. Die machen sich einen schönen Lenz, während die anderen brav im Büro ihre Pflicht erfüllen.

Selbstbestimmt zu leben entspricht nicht der Norm. Wer sich hinstellt und sagt: »Ich plane mein Leben, wie ich es für

147

richtig halte und setze meine eigenen Prioritäten, die auch den Erwartungen der Masse widersprechen dürfen«, erntet Ungläubigkeit, Kopfschütteln bis hin zu offener Ablehnung. Wenn das jeder machen würde! Das wäre ja noch schöner!

Einige schienen derart verstört, dass ihr Unterkiefer eine Art Bungeespringen ohne Gummiseil vollführte.

Menschen, die sich nicht darauf verlassen, dass andere ihnen sagen, was zu tun ist und sich nicht an den Erwartungen, Agenden oder Programmen anderer orientieren, sind immer auch Menschen, die fragend durchs Leben gehen und nach Antworten suchen. Sie probieren Dinge aus und deshalb ist ihr Lebenslauf nicht stromlinienförmig, sondern hat Ecken, Kanten, Schleifen oder sogar Brüche. Das ist das ganz praktische Resultat der Freiheit, seinen eigenen Weg zu suchen und zu finden. Um es ganz deutlich zu sagen: Das ist keine Verfehlung! Den meisten dürfte klar sein, dass nicht Anpassung und Vereinheitlichung, sondern Vielfalt und persönliche Unterschiede viel passender für die heutige Welt sind.

Genau in diese argumentative Richtung zielte auch Management-Vordenker Tom Peters mit seinem Vortrag, den wir vor einiger Zeit in London hörten. Eine seiner Kernaussagen: »Stellen Sie niemanden ein, dessen Lebenslauf keine Brüche aufweist.« Sie hätten die Gesichter der anwesenden Teilnehmer sehen sollen ... Gemurmel, Geraune, ungläubiges Kichern in der Menge. Einige schienen derart verstört, dass ihr Unterkiefer eine Art Bungeespringen ohne Gummiseil vollführte. Peters blieb das nicht verborgen und er fügte deshalb hinzu, dass das kein Scherz sein sollte.

Die Reaktion der Führungskräfte bei der Veranstaltung in London zeigt vor allem, wie sehr die gelebte Realität in den meisten Unternehmen davon abweicht. Die alten Kriterien, die einen »guten« Mitarbeiter beurteilen, sind immer noch in Stein gemeißelt. Die Systemkonformen, die brav diese Erwartungen erfüllen, gelten immer noch als die Besten.

Wir sollten uns klarmachen, dass dieses Denken ebenso überholt wie kontraproduktiv ist. Denn Systemkonformität war richtig im Zeitalter der industriellen Massenproduktion. Dort war ein Abweichen von der Norm ein Fehler. Die Betonung liegt auf der Vergangenheitsform »war«.

Heute geht es um Variantenreichtum und Unterschiedlichkeit.

Im Wissenszeitalter gilt, dass ohne Abweichung von der Norm kein Fortschritt möglich ist.

Dazu brauchen wir mehr Selber-Denker, die agil und initiativ Dinge in die Hand nehmen und vorantreiben.

Und genau hier zeigt sich die ganze Widersprüchlichkeit in prachtvoller Entfaltung: Agilität und Initiative – ja bitte. Aber bitte ohne allzu viel Eigensinn und Anspruch auf Selbstbestimmung. Wer so tickt, gilt als höchst suspekt und bietet dem Personaler und dem Chef Hinweise auf Unzuverlässigkeit und fehlende Orientierung. Oder der Verdacht schwingt mit, ein solcher Freigeist könnte schwer zu führen sein. Es reicht oft schon der Verdacht: Wenn nicht klar ist,

149

ob Brüche im Werdegang vielleicht nicht doch auch Brüche in der Persönlichkeit zeigen, dann greift man doch lieber auf den stromlinienförmigen Kandidaten zurück.

Die real existierende
Bevorzugung des Mitarbeiters
mit den besseren Gleiteigenschaften.

Selbstbestimmung, den eigenen Weg zu gehen – all das, was zunächst verdammt gut klingt, wird in der Realität im Unternehmen vielfach zum Handicap: ein langer und mühsamer Marsch gegen die Institutionen. Von den »Normalos« als »schwierig« abgestempelt, vielfach mit einem genüsslichen »Das-macht-man-doch-nicht« konfrontiert, müssen diese Querdenker und Abweichler von der Norm erst einmal zurechtkommen und ihre Nische finden. Erfolgreicher im herkömmlichen Sinne sind da oftmals diejenigen, die sich unverdrossen an die herrschende Ordnung halten. Wer stromlinienförmig ist, schafft es am besten durch den Flaschenhals bis an die Spitze.

Es gibt also in dieser Hinsicht einen krassen Kontrast: Auf der einen Seite die Einsicht, dass selbstbestimmte Mitarbeiter sehr wertvoll sind und gebraucht werden. Auf der anderen Seite die real existierende Bevorzugung des Mitarbeiters mit den besseren Gleiteigenschaften.

Die »Lösung« für diesen eigentlich unlösbaren Widerspruch ist schnell gefunden: Maßnahmen zum Kulturwandel müssen her. Workshops, Seminare, Teamevents mit dem Ziel, diejenigen, die bisher prima damit gefahren sind, sich einzuordnen und anzupassen, zum »Kreativsein« und zum »Querdenken« zu animieren. Der per Fortbildungsmaßnahme gemimte Kulturwandel wird zum gigantischen Feigenblatt. Heute ist Seminar. Heute ist alles anders ... wir sind anders und denken ganz »verrückt«. Und morgen früh im Büro sind wir alle wieder schön normal.

Normalos zu züchten, ist immer noch die gängige und weit verbreitete Praxis in Unternehmen. Hilfsmittel zur Aufzucht sind ein enges Regelwerk, Standards, Normen und detaillierte Anweisungen. Was innerhalb dieser Welt passiert, ist berechenbar. Alles, was davon abweicht, wird sofort als solches erkannt – wie ein Fremdkörper vom Immunsystem. Die Denkmuster bewegen sich entlang der engen und vorgegebenen Korridore der Regeln und Methoden, deren Einhaltung streng überwacht wird. In einem solchen System ist alles auf Erhalt abgestellt. Den Zöglingen dieser Kultur sind das Abweichen von der Norm und die damit verbundenen Veränderungen zutiefst suspekt, denn es bedeutet den Konflikt mit den herrschenden Verhältnissen.

Mitarbeiter, die selbstbestimmt agieren, abweichende Meinungen haben und Konventionen kritisch hinterfragen, gelten als Wurzel allen Übels.

Blöd nur, dass sie gleichzeitig unverzichtbar sind, wenn man zukünftig im Wettbewerb noch die Nase vorn haben will.

Den Kurs halten

Auf dem »Selbst«-Weg mit Selbstbewusstsein, Selbstbestimmung und Selbstwirksamkeitsüberzeugung bleiben Widerstände und auch Rückschläge nicht aus. Die Welt scheint darauf aus zu sein, Sie von Ihrem Selbst abzubringen.

Wie also finden Sie nach den unvermeidlichen Scharmützeln wieder zum Selbst zurück? Welcher Kompass leitet Sie um das Hindernis herum wieder zurück auf Ihren Weg? Wie verhindern Sie, dass Sie den Glauben an sich selbst angesichts der Hürden und Widerstände, die sich vor Ihnen aufbauen, verlieren?

Die Welt scheint darauf aus zu sein,
Sie von Ihrem Selbst abzubringen.

Wir sprechen hier von Menschen, die kreativ und engagiert sind und gut in ihrem Job – die aber irgendwann mürbe und verzagt werden. Sie fühlen sich unpassend in einem Umfeld, in dem zwar über Vielfalt, Kreativität und Innovation geredet, tatsächlich aber der Status quo zementiert wird. Das verstärkt das Gefühl, nicht in die Normalität des Betriebs zu passen. Und das nagt wiederum am Selbstvertrauen – nicht etwa, weil dieser Abweichler vom »Normalen« nichts kann oder leisten würde, sondern weil er sieht, dass er trotz seiner Fähigkeiten immer wieder den Leuten unterliegt, die nach Schema F Karriere machen.

152

Aber dennoch: Die Zeichen der Zeit sprechen eindeutig für diejenigen, die ihre Freiheit annehmen, eigenständig denken und Selbstverantwortung übernehmen.

Den Ball schön flach halten und darauf hoffen, dass alles so bleibt wie es war – das ist längst nicht mehr drin. »Die Geschichte krabbelt nicht vorwärts; sie springt«, schreibt der Ökonom Nassim Taleb. Und das hat weitreichende Konsequenzen: Eine Wirtschaft und auch Gesellschaft, in der zentrale Führung, Steuerung und Kontrolle statt Selbstbestimmung, Freiraum und Eigenverantwortlichkeit weiterhin die Norm sind, wird keine ausreichenden Antworten auf die schnellen und tiefgreifenden Veränderungen finden. Und wenn die Veränderungsgeschwindigkeit außen größer ist als innen, ist das Ende nah. Eine solche Gesellschaft wird verschwinden.

Das ist die Grundhaltung, die entscheidende Weichenstellung. Auf dieser grundlegenden Einstellung der Selbstverantwortung kann jeder seinen inneren Kompass für das eigene Leben bauen. An Widerständen nicht zu scheitern und bei sich zu bleiben, wenn es schwierig wird, das ist erlernbar. Sie können lernen, Ihre eigenen Prioritäten zu setzen und Ihr Leben in Ordnung zu kriegen, ohne dass Sie auf dem Weg irgendwann verzagen und in die Konformität abdriften.

Dabei helfen drei Zutaten: erstens die Frage aller Fragen stellen, zweitens Disziplin und drittens Mut.

Die Frage aller Fragen

Ja, es ist so: Unsere Gesellschaft honoriert die Anpassungs-fähigen. Im Kindergarten, in der Schule, an der Hochschule, in Unternehmen, in der Politik und in der Öffentlichkeit. Es ist nicht einfach, sich davon nicht entmutigen und desillusionieren zu lassen. Und deshalb ist es so wichtig, sein großes Ja und die damit verbundenen Neins im Leben zu kennen: »Ja, das ist mein Weg.« »Nein, dabei mache ich nicht mit« und »Nein, hier ist meine persönliche Grenze«.

Entschiedenheit ist eine innere Haltung, die nach außen wirkt. Die Richtung geht also von innen nach außen. Wer hingegen dem Außen die dominante Rolle zugesteht, läuft Gefahr, früher oder später vom System zermürbt zu werden.

Das ist nicht leicht, denn die Antwort auf die Frage nach unserem großen Ja können wir weder im Supermarkt des Lebens kaufen, noch darauf hoffen, dass wir qua plötzlicher Eingebung unseren Weg finden. Es ist vielmehr ein intensiver und oftmals auch mühsamer Prozess der inneren Selbst-Reflexion. Dennoch ist es lohnend, sich damit zu beschäftigen. »Ein Mensch muss wissen, was er will, und wissen, was er kann. Erst so wird er Charakter zeigen und erst dann kann er etwas Rechtes vollbringen«, hat Arthur Schopenhauer vor rund 200 Jahren gesagt. Diese Sätze sind aktueller denn je.

154

Denn nur mit der Selbsterkenntnis haben wir die Freiheit zu einem entschiedenen Leben.

Entschiedenheit ist aber keineswegs identisch mit Sturheit: Das blinde Befolgen des einmal eingeschlagenen Weges wäre ja auch nur wieder eine neue, trickreiche Art der Fremdbestimmung. Das wäre wieder Komplexitätsreduzierung im Sinne des Pauschaltouristen oder des Stammgastes. Also eine selbstbetrügerische Form der Unentschiedenheit.

> Die Antwort auf die Frage
> nach unserem großen Ja
> können wir nicht im Supermarkt
> des Lebens kaufen.

Statt den Blickwinkel beim Verfolgen des eigenen Nordsterns ganz eng zu stellen und den Bildausschnitt des Lebens mit den freiwillig angelegten Scheuklappen klein werden zu lassen, ist genau das Gegenteil gefragt: offenes Denken und die Weitwinkelperspektive, die möglichst vieles erfasst. – Wir wollen alles sehen, ohne uns jedoch ablenken zu lassen.

Dazu müssen wir lernen, das andere auszuhalten, das andere sein zu lassen, zu respektieren, von ihm zu lernen. Und um sich darin dann aber nicht zu verlieren, braucht es den inneren Kompass, der uns immer wieder auf den Kurs zurückbringt.

Bei diesem Kurs geht es nicht nur um die Frage, ob wir uns selbst treu sind, nicht nur um Arbeit, Familie oder darum, wo wir leben. Es geht auch darum, ob sich die »Bilder« und »Augenblicke« in unserem Leben stimmig für uns anfühlen.

Denn das ist der große Unterschied: Menschen, die nicht Statisten, sondern Regisseure ihres Lebens sind, nehmen sich die Zeit, um darüber nachzudenken. Immer wieder. Sie bleiben wach.

Sich diese Fragen zum Kurs des eigenen Lebens immer wieder zu stellen, setzt voraus, sich selbst aushalten zu können. Wer davor Angst hat, stellt sich diese Fragen nicht. Aber andererseits gilt auch: Wer nicht fragt, bleibt dumm.

Disziplin

Die zweite Zutat, um nicht vom eigenen Kurs abzudriften, ist Disziplin. Dieser Begriff löst bei vielen instinktive Abwehr aus; er gilt als Inbegriff puritanischer Freudlosigkeit, nach strenger Klavierlehrerin mit straffem Knoten und zum Strich zusammengepressten Lippen, die ihren Schüler zu mehr Disziplin beim Üben ermahnt. Disziplin heißt, persönliche Neigungen hintenanzustellen, weil der erhobene Zeigefinger sagt: »Du musst!«

Aber ist es tatsächlich so, dass Disziplin und Freiheit automatisch in einem Spannungsverhältnis stehen – oder sich sogar gegenseitig ausschließen? Das Gegenteil ist der Fall.

Aus freien Stücken gewählt, bedeutet Disziplin absolute Freiheit.

Sie können sich zum Beispiel nur frei gegen das Rauchen entscheiden, wenn Sie so viel Disziplin haben, sich der Nikotinsucht zu verweigern. Sie können sich nur frei für ein selbstbestimmtes Leben entscheiden, wenn Sie den Mut und die Disziplin aufbringen, sich auf Ihre Stärken zu besinnen und Ihren eigenen Weg zu gehen.

»Wir brauchen die Disziplin, unsere innere Stimme zu hören, und den Mut, ihr zu folgen«, schreibt John Izzo in seinem Buch *Die fünf Geheimnisse, die Sie entdecken sollten, bevor Sie sterben.* Damit meint er die Disziplin, immer wieder kleine Justierungen und Korrekturen im Leben vorzunehmen – so wie bei einem Segelboot, das grundsätzlich den richtigen Kurs angelegt hat. Der Bug zielt also grob in Richtung Zielhafen. Aber dennoch sind immer kleine Korrekturen notwendig, um am Ende genau dort anzukommen, wo Sie hinwollten.

Sicher müssen wir in selteneren Fällen auch die Bereitschaft haben, eine Wende oder Halse zu machen, um gegen den Wind zu kreuzen. Aber das ist doch eher selten.

Was es braucht, um auf diese Weise ständig korrigierend und navigierend den Kurs zu halten, ist vor allem Disziplin. Das bedeutet nichts anderes, als ständig bei der Sache zu sein, jederzeit bereit, ganz in die Sache einzutauchen, statt sie zu leugnen. Nur disziplinierte Menschen sind wirklich frei. Die Undisziplinierten hingegen sind Spielball ihrer Stimmungen, Gelüste und Leidenschaften – oder Spielball der äußeren Einflüsse.

Der englische Schriftsteller William Somerset Maugham wurde einmal gefragt, ob er feste Arbeitszeiten habe oder nur schreiben würde, wenn er inspiriert sei. Seine Antwort: »Ich schreibe nur, wenn ich inspiriert bin. Glücklicherweise stellt sich die Inspiration jeden Morgen um neun Uhr ein.«

Das entspricht übrigens auch unserer Erfahrung beim

Schreiben: Inspiration kommt nicht vor dem Tun, sie kommt durch das Tun – und das erfordert wiederum Disziplin.

Von wegen Warten auf den Musenkuss. Stattdessen, wie übrigens bei vielen Kreativschaffenden:

Disziplin und Ordnung schaffen den Raum, in dem der Geist frei sein kann.

Und das funktioniert nur, wenn wir uns darum kümmern, dass unser Motor nicht im roten Drehzahlbereich läuft.

Inspiration kommt nicht vor dem Tun, sie kommt durch das Tun.

Disziplin und Ordnung bedeuten nicht, sich asketisch einzuschränken, sondern sich von Ablenkungen, Reizüberflutungen und Dingen, die unseren Kopf verstopfen, fernzuhalten. Regelmäßig zu entrümpeln, damit der Kopf frei wird für neue Ideen und Perspektiven. Das ist eine tägliche Selektionsaufgabe: brauche ich – will ich – ist wertvoll – oder eben: Dafür verschwende ich keine Lebenszeit.

Ordnung und Konsequenz sind die Voraussetzungen für ein selbstbestimmtes Lebens. Disziplin ist die Brücke zwischen Ziel und Umsetzung.

Mut

Neben der Disziplin, auf unsere eigene Stimme zu hören, brauchen wir den Mut, ihr zu folgen. Nach Vorträgen hören wir oft: »Alles gut und richtig. Ich würde ja gerne, aber ... wenn ich in einer anderen Firma wäre, einen anderen Chef hätte, die Strukturen andere wären, ich genug Macht hätte und die finanziellen Möglichkeiten ... ja, dann würde ich das schon gerne machen.«

Aber mal langsam: Wie viel Macht hatten Menschen, die die Welt verändert haben? Mahatma Gandhi, Nelson Mandela, Martin Luther King, Mutter Teresa. Sie hatten keine Macht, keine Position, kein Kapital, keine Legitimation, keine protzige Visitenkarte, keine riesige Organisation. Was sie hatten, war ein großes Ja und jede Menge Mut. Sie begannen ihre Mission mit nichts als ihrer Persönlichkeit, mit außergewöhnlicher Integrität und mit der Beharrlichkeit, die einen Menschen vorantreibt, der sich auf dem richtigen Weg weiß.

Es klingelt kein Mann von derGlücksspirale an der Tür und zieht die Erlaubnis zum Mutigsein aus dem Aktenkoffer.

Nun muss es ja nicht gleich die ganz große Nummer sein wie der Kampf gegen Armut, Apartheid, Rassismus und Unterdrückung. Sie müssen auch nicht tausende von Menschen für gesellschaftliche Veränderungen mobilisieren.

Hier geht es »nur« um einen Menschen: Sie.

Mut zum selbstbestimmten Leben erfordert Antrieb und Ausdauer. Ja, es werden sich Ihnen Störfeuer, Widersacher, Besserwisser in den Weg stellen und versuchen, Sie von selbigem abzubringen.

Mut bedeutet, den Antrieb und die Ausdauer zu haben, trotzdem beharrlich Ihren Weg zu verfolgen. Dieser Weg ist ohne Netz und doppelten Boden. Ihr Mut kommt von innen, nicht von außen. Es klingelt kein Mann von der Glücksspirale an der Tür und zieht die Erlaubnis zum Mutigsein aus dem Aktenkoffer. Wer sein eigener Herr ist, trägt sein eigenes Risiko.

Klar ist es herrlich bequem, die äußeren Umstände für das eigene Nichthandeln verantwortlich zu machen. Viele Menschen klammern sich an diese Ausreden, um nicht mit der Tatsache konfrontiert zu werden, dass sie es selbst sind, die den Lauf der Dinge ändern könnten. Wenn Sie nur den Mut dazu hätten.

Diese Mutlosigkeit führt zu einer ungeheuren Absicherungsmentalität. Dabei weiß jeder, der einigermaßen zwei und drei zusammenzählen kann, dass wir die Komfortzone verlassen, experimentieren und neue Wege beschreiten müssen, wenn sich etwas im Leben verändern soll. Und doch verschwenden viel zu viele Menschen einen Großteil ihrer Energie darauf, ausführlich darüber zu sinnieren, warum es gerade jetzt nicht möglich ist, sich vom Sofa zu erheben und den ersten Schritt zu tun.

Die Alternative lautet: Selbstbestimmung wagen und sich auf den Weg machen – und zwar notabene ohne Erfolgs-

160

garantie. Das schaffen naturgemäß nur Menschen, die an sich selbst glauben. Und es erfordert noch eine wichtige Zutat: Vertrauen. Auf die eigenen Ideen und Stärken zu bauen, auch wenn alle »Normalos« das Scheitern des Experiments bereits prophezeien. Vertrauen heißt nicht Starrköpfigkeit um jeden Preis. Aber er es bedeutet ein gesundes Festhalten an den eigenen Überzeugungen. An Überzeugungen, mit denen man auch mal auf die Nase fallen kann. Aber genau hier zeigt sich die persönliche Stärke: nach Niederlagen ganz schnell wieder aufzustehen und weiterzumachen – immer und immer wieder.

Entschiedenheit ist erlernbar

Die gute Nachricht: Wir wissen heute, dass die Fähigkeit zu lernen nicht an einem bestimmten Punkt im Leben verloren geht. Selbst eingeschliffene Denkmuster kann jeder Mensch jederzeit modifizieren, sogar noch im hohen Alter. »Neuroplastizität« heißt die Fähigkeit unseres Gehirns, zwischen seinen Nervenzellen ständig neue Verknüpfungen herzustellen. Damit ist es in der Lage, sich lebenslang auf neue Anforderungen einzustellen und seinen Kurs zu verändern.

Fakt ist: Entschiedenheit ist erlernbar. Dazu braucht es Selbstreflexion, Disziplin, Mut und auch ... Zweifel.

Moment mal! Wer zweifelt, ist unsicher, wankelmütig und unfähig zu entscheiden. Wieso also können Zweifel uns helfen, unseren Weg zu finden?

8

Mit dem Wissen wächst der Zweifel

Die Parteivorsitzende hält kurz inne, denkt über die Frage des Journalisten nach und sagt dann: »Ich zweifle, ob ich das Richtige tue. Ich gebe zu, ich weiß es nicht.«

Ein lautes Raunen geht infolge dieser Antwort durch das Publikum der Pressekonferenz. Die Augenbrauen des Fragestellers wandern in die Höhe, sie verschwinden beinahe oberhalb der Stirn. Andere Journalisten rutschen auf der Stuhlkante nach vorn, halten Block und Stift fest umklammert und formulieren schon mal im Geiste den Aufmacher für die Titelseite: *Parteivorsitzende vollkommen planlos! Steht Rücktritt bevor?*

So liefe es wohl, wenn Politiker oder andere Entscheidungsträger vor laufenden Kameras zweifeln würden: Die öffentliche Hinrichtung ließe nicht lange auf sich warten.

Seine Zweifel öffentlich zu Gehör zu bringen, ist ähnlich deplaziert wie ein lauter Rülpser beim stillen Gebet in der Kirche. Gefragt sind keine Zweifler, sondern Macher. Das oberste Gebot für alle, die sich berechtige Hoffnungen auf ihre Wiederwahl machen wollen: Zweifel beiseite schieben und Gewissheit verbreiten – auch dann, wenn es nur Hoffnungen oder Erwartungen sind. Macher kennen keine Zweifel. Sie kennen keine Fragen. Sie kennen nur Antworten.

> Seine Zweifel öffentlich zu Gehör zu bringen, ist ähnlich deplaziert wie ein lauter Rülpser beim stillen Gebet in der Kirche.

Aber all das kann nicht verdrängen, dass Zweifel zum Leben gehören. Das wissen wir spätestens seit René Descartes, dem Vater der Aufklärung. »Ich denke, also bin ich« – diesen Satz des französischen Philosophen kennt wohl so ziemlich jeder. Nur wenige kennen den Satz, den der Philosoph hinzufügte: »Der Zweifel ist der Weisheit Anfang.« Ohne Zweifel gibt es keine Bewegung, nichts Neues, keinen Fortschritt. Dass der Mensch in der Lage ist, all das, was ihm seine Sinne als Wirklichkeit nahe legen, zu bezweifeln, war für Descartes ein Zeichen dafür, dass der Mensch ein Bewusstsein hat.

163

Wer zweifelt, denkt. Wer zweifelt, existiert.

Anders ausgedrückt heißt das: Nur der Dumme kennt keinen Zweifel. Zweifel sind also kein Zeichen von Schwäche oder charakterlicher Instabilität, sondern wertvolle Impulse für unsere Entscheidungen. Mit diesen Zweifeln, ob Sie das Richtige tun oder lassen, müssen Sie schlicht und ergreifend klar kommen. Wenn Sie Ihre Freiheit annehmen und selbstbestimmt leben, dann geraten Sie regelmäßig an den Rand Ihrer Wohlfühlzone. Wenn Sie jetzt weitergehen, sind Sie nicht mehr in Sicherheit, denn Ihre Entscheidungen könnten sich im Nachhinein als falsch herausstellen! Zweifel sind die natürliche Begleiterscheinung eines entschiedenen Lebens. Sie können schlichtweg nicht entschieden und selbstbestimmt leben, ohne Zweifel auszuhalten. Wenn der Zweifel zu groß ist (oder Ihr Mut zu klein), dann weichen Sie zurück. Wenn Sie den Zweifel aushalten und trotzdem handeln, dann gehen Sie Ihren Weg weiter. Leicht ist das nicht, aber es gehört zum Leben dazu. Der Schauspieler Matthias Brandt hat das in einem Interview mit der Süddeutschen Zeitung präzise formuliert: »Jeder, der alle Tassen im Schrank hat, ist doch zerfressen von Selbstzweifeln. Die Irren, die richtig Gefährlichen – das sind die, die glauben, dass sie gut sind.«

Nur der Dumme
kennt keinen Zweifel.

Natürlich gibt es auch Situationen, in denen Zweifel wenig angebracht sind. Der Boxer beispielsweise, der angesichts der offenen Deckung seines Gegners zögert und zweifelt, ob er den Haken besser mit links oder rechts schlagen sollte. Oder

der Autofahrer, der angesichts des mitten auf der Straße liegenden Reifens unschlüssig ist und zweifelt, ob er eine Vollbremsung machen oder besser das Steuer nach links reißen sollte. Fakt ist: Zweifeln kostet Zeit. Und zu viele Zweifel machen handlungsunfähig. Deshalb sind in Situationen, in denen eine schnelle Bauchentscheidung gefragt ist, Zweifel unangebracht. Ebenso unangebracht ist es, den Zweifel zur Lebenshaltung zu erheben. Wer alles und jedes anzweifelt, legt sich selbst in Ketten. Der Zweifel verliert seinen aufklärerischen Charakter und mutiert zum Dogma. Dann wird der Zweifel zum Selbstzweck.

Zweifel sind also immer dort angebracht, wo es um wichtige Entscheidungen mit weitreichenden Folgen geht oder um Lösungen für Probleme, die sich nicht nach Schema F abwickeln lassen.

Klingt gut, macht aber leider auch viel Arbeit. Denn der Zweifel bei wichtigen Entscheidungen kann eine durchaus quälende Sache sein. Viel schöner wäre es doch, wenn die Entscheidung ruckzuck gefällt werden könnte und nicht so viel Gehirnschmalz erfordern würde. Nachdenken, Abwägen, Hinterfragen – das verlangt eigenständiges Denken und die Fähigkeit, Alternativen kritisch und selbständig zu bewerten. Doch genau das haben viele nie gelernt. Den Status quo hinterfragen, vorgegebene Maßstäbe intelligent anzweifeln. Stand das etwa auf dem Stundenplan in der Schule? Na also!

165

Und natürlich ist eine Gesellschaft, in der Zweifel als etwas Negatives gelten, praktisch für alle Machthaber. Wenn Bürger so dressiert sind, dass Hinterfragen, Differenzieren,

Zweifeln und Neubewertung nicht erforderlich sind, zementiert das die Macht der »da oben«. Die vorherrschende Meinung und Lehre ist »alternativlos«.

Den Status quo hinterfragen,
vorgegebene Maßstäbe intelligent anzweifeln.
Stand das etwa auf dem Stundenplan
in der Schule?

Diese alte Logik hat ihr Verfallsdatum längst überschritten. Wir können uns heute keine blökenden Schafherden mehr leisten – weder in der Gesellschaft noch in der Wirtschaft. Doch dazu braucht es eine Kultur, in der Zweifel nicht als Schwäche ausgelegt werden, sondern als Zeichen der Mündigkeit. Das ist einer der Kerngedanken der Aufklärung: Der Mensch soll selbst entscheiden und handeln und ist für sich selbst verantwortlich. Man darf, ja man muss sogar zweifeln, denn »wer nichts anzweifelt, prüft nichts. Wer nichts prüft, entdeckt nichts. Wer nichts entdeckt, ist blind und bleibt blind«, sagte der französische Jesuit und Philosoph Pierre Teilhard de Chardin.

Reue – die Einsicht, falsch
gehandelt zu haben

Eine ganz andere Sache hingegen ist das Thema Reue. Wikipedia erklärt Reue als »*das Gefühl […] der Unzufriedenheit, der Abscheu, des Schmerzes und Bedauerns über das eigene fehlerhafte Tun und Lassen, verbunden mit dem Bewusstsein (oder der Empfindung) von dessen Unwert […]*« – Und die stellt sich häufig ein, wenn Menschen über sich oder ihr Leben nachdenken. Reue ist sozusagen retrospektiver Zweifel. »Ach hätte ich damals bloß … den Traumjob angenommen, mehr Risiko gewagt, um die große Liebe gekämpft.«

Der entscheidende Punkt bei der Reue ist: Sie werden im Nachhinein nicht die Entscheidungen bereuen, die Sie trotz ihrer Zweifel getroffen haben, sondern Sie werden die Momente bereuen, in denen Sie zurückgewichen sind und das Risiko gescheut haben. Dann werden Sie sich fragen: »War es richtig, mich in mein Schicksal zu fügen?« – »Warum habe ich mir das gefallen lassen?« – »Warum habe ich das mitgemacht?« Solche Fragen sind wie ein kratziger Pullover, sie stören unser Wohlbefinden.

Meistens sind es nicht die widrigen Umstände, die den Kummer verursachen, sondern die eigenen Reaktionen auf die Umstände. Das eigene Verhalten, das Mitmachen, die vielen Ausreden, warum man es so und nicht anders machen »muss«. Das ist quälend wie eine Wunde, die nicht verheilt.

167

Solche Fragen sind wie
ein kratziger Pullover.

Der Psychologieprofessor Barry Schwartz schreibt in seinem
Buch *Anleitung zur Unzufriedenheit*, dass Reue deshalb so problematisch ist, weil die bereute Entscheidung (und die daraus
folgende Konsequenz) hätte vermieden werden können, und
zwar durch Sie selbst, wenn Sie anders verfügt hätten.

**Das heißt, die Reue konfrontiert Sie im Nachhinein
mit genau der Selbstverantwortung, die Sie in dem
damaligen Moment der Entscheidung loswerden
wollten.**

Bereuende wissen, dass sie für ihre Scheinsicherheiten ihre
Freiheit und die damit verbundenen Wahlmöglichkeiten
aufgegeben haben. Sie wissen, dass sie freiwillig Freiräume
ihres Lebens aufgegeben haben. Sie kennen ihre eigene Verantwortung für ihre Unfreiheit – diese Einsicht ist die Voraussetzung für Reue. Es ist der eigene Verzicht auf Freiheit
zu einem Zeitpunkt, als es noch möglich war, die Freiheit
zu wählen. Ein nicht wieder gut zu machendes Versäumnis.
Das ist es, was die Fremdbestimmten in Wahrheit am meisten schmerzt: das Wissen darum, dass sie ihre Selbstbestimmung anderen freiwillig zu Füßen gelegt haben.

168   Hier zeigt sich die unauflösliche Verbindung von Freiheit
und Eigenverantwortung. Freiheit ist die Möglichkeit, etwas
versuchen zu können. Handeln zu können, aber nicht zu
müssen. Die Freiheit gibt die Möglichkeit zur Selbstbestim-

mung und die wiederum besteht aus Wollen und Können, sie sind keine Garantie für Glück und Wohlstand. Selbstbestimmung ist, wenn man es trotzdem versucht.

Dabei ist völlig klar: Der Weg der Selbstbestimmung ist ergebnisoffen und alles andere als planbar oder mit Garantien ausgestattet. Und klar ist auch: Wenn wir unsere Zweifel überwinden und etwas wagen, exponieren wir uns und machen uns verletzlich.

Wahre Stärke

»Was hat dieses Thema hier zu suchen?«, schoss uns durch den Kopf, als wir auf einer Konferenz in Chicago die ersten Sätze einer Rednerin hörten. Das Publikum: 5000 Menschen aus der Wirtschaft. Die Agenda: typische Business-Themen. Die Referentin: Brené Brown, angekündigt als »Forscherin und Geschichtenerzählerin«. Das Thema: Scham. Verletzlichkeit. Ängste. Zweifel.

Wirklich? Sollte das unser Signal zum Gehen sein ...?

Gut, dass wir noch ein paar Sätze länger blieben. Denn mit jedem der ruhigen, überlegten und humorvollen Sätze zog uns Brené Brown immer mehr in ihren Bann. Sie erzählte tatsächlich Geschichten, vor allem ihre eigene: Wie sie sich ständig selbst in Frage stellte. Wie sie an sich zweifelte. Wie sie sich selbst sabotierte. Wie sie einen Zusammenbruch durchlitt. Wie sie dann gleich nochmal zusammenbrach, weil sie Menschen von ihrem Zusammenbruch

169

erzählte und sich dafür schämte. Und alle im Saal hingen an ihren Lippen. Ob auch nur einer der Zuhörer jemals den Mut besessen hatte, anderen so offen von seinen Zweifeln und Ängsten zu berichten?

Selten kamen wir so nachdenklich aus einem Vortrag. Ja, sie hat Recht: Furchtlosigkeit und Mut werden in unserer Welt maßlos überschätzt. Und Verletzlichkeit wird mit Schwäche gleichgesetzt. Der Emotions-Darwinismus auf den Karrierestraßen und den oberen Etagen der Bürogebäude verbietet es, auch nur einen Moment lang anders zu erscheinen als souverän, stark und siegesgewiss. Zweifel daran, das Richtige zu tun? Unsicherheit, was die getroffene Entscheidung betrifft? Sich verletzlich zeigen? – Um Gottes Willen! Alles Tabuzonen. Vermintes Gelände. Niemandsland.

Das Problem ist nur: Diese Gefühle sind Realität! Wer sie leugnet, der schließt auch einen Teil seiner Persönlichkeit weg. Ängste können gar nicht überwunden werden! Sie gehören zum Leben – und zum Geschäft – dazu und lassen sich nicht ausradieren. Wir können nur mit ihnen weitermachen – und ob wir die Augen vor ihnen verschließen und sie ins Dunkel unserer Persönlichkeit abdrängen, ist unsere Entscheidung!

Erstaunlicherweise geht
die Welt dabei nicht unter.

Brené Brown hat uns gezeigt, dass es auch einen anderen Weg gibt: Wir können unsere Befürchtungen, Zweifel und Ängste anschauen und wahrnehmen – und sogar offen darüber reden.

Erstaunlicherweise geht die Welt dabei nicht unter. Ganz im Gegenteil: Sich verletzlich zu zeigen, ist keineswegs Schwäche, sondern Stärke – und wird auch so wahrgenommen.

Das Wichtigste dabei aus unserer Sicht: ohne Zweifel kein persönliches Wachstum und keine Weiterentwicklung. Denn keine Zweifel haben Sie nur dann, wenn Sie alles kennen und können. Das heißt: Sie können unmöglich etwas Neues lernen. Der Zweifel ist die Grundlage von Erkenntnis über uns selbst. Wer nicht an sich zweifelt, weiß nichts über sich selbst und ist unfähig zur Selbsterkenntnis. Das ist die gute Nachricht für alle, die sich mit ihren Selbstzweifeln täglich herumplagen.

Allerdings scheinen nicht alle gleichermaßen anfällig für derlei Selbstzweifel zu sein. Wir sind zwar weder Soziologen noch Psychologen, aber unser Eindruck ist: je kleiner der IQ, desto größer die Selbstzufriedenheit. Der britische Philosoph und Mathematiker Bertrand Russel hat das mal so ausgedrückt: »Es ist ein Jammer, dass die Dummköpfe so selbstsicher sind und die Klugen so voller Zweifel.«

Worauf Russel anspielt, ist ein Phänomen, das auch als Dunning-Kruger-Effekt bezeichnet wird. Die Psychologen David Dunning und Justin Kruger führten mit Studenten an der Cornell University mehrere Tests in unterschiedlichen Disziplinen durch. Es ging dabei um logisches Denken, das Erkennen von grammatikalisch richtigen oder falschen Sätzen oder das Beurteilen der Witzigkeit von Witzen – Letzteres wurde dann mit dem Urteil professioneller Comedians verglichen. Nach jedem Test sollten die Studenten beurteilen, wie sie im Vergleich zu den anderen abschnitten.

Das Ergebnis: Die Selbsteinschätzungen bewegten sich in einem kleinen Bereich. Fast alle Testpersonen hielten sich für

171

besser als 60 bis 70 Prozent der anderen. Das bedeutet also, dass die Schwächsten sich gewaltig überschätzten und die Stärksten sich leicht unterschätzten.

Was die Forscher besonders überraschte: Selbst als sie den Teilnehmern die Ergebnisse der anderen zeigten und ihnen so die Chance gaben, sich selbst realistischer einzuschätzen, korrigierten die Testpersonen aus dem schwächsten Viertel ihr viel zu positives Selbstbild nicht. In anderen Worten: Es mangelte ihnen an der erforderlichen Grundfähigkeit, die eigene Unfähigkeit zu erkennen. Sie strotzten weiterhin vor Selbstbewusstsein.

Dieses Phänomen ist auch in Firmen zu besichtigen: der unfähigste Kollege im Büro, der keine Gelegenheit auslässt, sich beim informellen Pausengespräch darüber zu beschweren, dass er »nur von Idioten« umgeben sei. Dank Dunning und Kruger wissen Sie jetzt, dass seine Lamentos garantiert frei von jeder Selbstironie sind. Oder der Chef, der nach dem Peter-Prinzip in seine Position gekommen ist und als lebender Beweis für die These dient: Je inkompetenter, desto weniger Selbstzweifel.

Eine geheimnisvolle Macht scheint dafür zu sorgen, dass Hohlköpfe mit einer ganz besonderen Portion Selbstbewusstsein ausgestattet sind.

172

Die Lösung, um nicht selbst dem Dunning-Kruger-Effekt zum Opfer zu fallen, liegt darin, sich aktiv und regelmäßig Feedback einzuholen. Und das auch von Menschen, von denen wir wissen, dass sie kritische Geister sind und eine andere Meinung vertreten.

Vom Umgang mit der Angst

Fast jeder Mensch will sich entwickeln und seinen Weg gehen. Den Freiraum und die Gestaltungsmöglichkeiten haben wir, aber wir begeben uns gleichzeitig auf unbekanntes Terrain. Es ist, als würden wir durch einen großen, dunklen, unbekannten Raum laufen – und das löst Ängste aus.

Das Festklammern am Vertrauten ist eine defensive Strategie, mit der Angst vor dem Unbekannten umzugehen. Diese Strategie schränkt uns allerdings innerlich ein, wir fühlen uns irgendwann immer eingeengter, weil wir immer mehr Angst vor unserer Angst entwickeln! Konsequenterweise begegnen wir ihr immer häufiger und trauen uns folglich immer weniger ... Diese defensive Angstspirale kriegt Sie früher oder später klein. Das ist sicher.

Und das fiese Detail hierbei ist: Die Ängste werden dadurch nicht weniger! Die Strategie ist komplett kontraproduktiv, in etwa so erfolgversprechend wie zur Abkürzung durch eine vielbefahrene Einbahnstraße zu fahren – in Gegenrichtung!

Der Sturm kommt so oder so.

Darum bringt uns ein offensiver Umgang mit der Angst viel weiter. Wenn Sie Angst einfach als den Preis dafür betrachten, dass Sie Neues ausprobieren dürfen, wird es eine Art Geschäft mit Ihnen selbst: Sie können abwägen, ob das, was

Sie gewinnen können, diesen Preis wert ist. Erstaunlicherweise ist das aus dieser Perspektive betrachtet fast immer der Fall.

Es ist doch allemal besser, vor einem heraufziehenden Sturm Angst zu haben und von dieser Angst getrieben das Haus sturmsicher zu machen, als diesen Sturm zu ignorieren – und damit die Angst abzuschalten. Der Sturm kommt so oder so.

Eben weil die Angst so unangenehm ist, neigen viele Menschen dazu, den Blick zum dunklen Horizont zu vermeiden und im Garten noch schnell die Wäsche aufzuhängen – weil sie das immer so machen und Gewohnheiten so schön beruhigen.

Das Hauptproblem an defensiven Vermeidungsstrategien ist, dass sie vordergründig so erfolgreich sind! Wenn Sie vor der Angst auslösenden Situation zurückweichen und sich in die Sicherheit der bewährten Abläufe zurückziehen, dann atmen Sie auf. Sie spüren Erleichterung. Sie haben die schwierige Situation überstanden, die Strategie war erfolgreich ... jedenfalls für den Moment. Das fühlt sich gut an.

Ihr Gehirn belohnt Sie also dafür, erfolgreich Ihr Überleben gesichert zu haben und verstärkt so diese defensive Verhaltensoption – beim nächsten Mal fällt Ihnen das Zurückweichen schon wieder ein Stückchen leichter. Und so wird mit der Zeit aus der Haltung ein Verhalten, aus dem Verhalten eine Gewohnheit und aus der Gewohnheit ein Charakterzug und ein Lebensstil.

Höchste Zeit, dagegenzusteuern!

Ungeschützt

Monterey liegt ungefähr eine Stunde südlich von San Jose im Silicon Valley, wo wir neulich alte Studienkollegen besucht haben. Und in Monterey gibt es das Monterey Bay Aquarium – eines der schönsten Aquarien der Welt.

Was wir in einer für den Menschen eigentlich aufs rein Visuelle reduzierten Wasserwelt nicht erwartet hätten: Es gibt dort einen »Touch Pool«, also eine Art Streichelzoo! Wir mischten uns unter die Familien und machten mit. Wir griffen also ins Wasser und fühlten Muscheln, Steine, Tang, Seesterne, natürlich lauter harmlose Sachen, glitschig, rau, kantig, weich. Das eine oder andere Tier oder Ding konnte man herausholen und in die Hand nehmen.

Am beeindruckendsten war ein riesiger Hummerpanzer! Appetitlich sieht der nicht aus, aber groß, ungefähr 50 cm. Im ersten Moment sind wir erschrocken: Huch! Der ist ja leer, wo ist denn der Hummer? Im zweiten Moment dachten wir, die sterblichen Überreste des Tiers in der Hand zu halten. Im dritten Moment wurden wir vom freundlichen Guide aufgeklärt: Der Hummer lebt noch, irgendwo im Aquarium.

Will der Hummer wachsen,
muss er was riskieren.

175

Er kann bis zu 70 cm lang, 9 kg schwer und 100 Jahre alt werden! Und das hier, das sei nur der abgelegte Anzug, der ihm irgendwann zu eng geworden war. Hummer, lernten wir, häuten sich in regelmäßigen Abständen wie Schlangen, schlüpfen also aus ihrem Panzer, um anschließend einen etwas größeren auszubilden.

In der Zwischenzeit, also bevor der neue Panzer ausgehärtet ist, ist so ein Hummer mehrere Wochen lang fast schutzlos, eine gefährliche Zeit. Mit anderen Worten: Will der Hummer wachsen, muss er was riskieren, er kommt nicht darum herum, zeitweise sehr verletzlich zu sein.

Das fanden wir hoch spannend! Verletzlichkeit geht also Hand in Hand mit Wachstum und Weiterentwicklung.

So ein Hummer bietet eine eindrucksvolle Metapher für die menschliche Psyche: Immer wenn Sie sich weiterentwickeln wollen, müssen Sie etwas Altes loslassen. Dieses Alte, Bewährte, das Sie zurücklassen, war Ihnen so vertraut, hat sich so gut angefühlt, hat Sie geschützt, hat Ihnen Sicherheit gegeben. Aber es war eben auch starr, unflexibel und ließ keine Veränderung zu.

> Wir sollten keine Angst vor der
> Angst haben verletzt zu werden.

Wenn Sie nun etwas ändern, etwas Neues machen, dann fühlt sich das erst einmal ungewohnt an. Das Neue ist frisch, jung, zart und Sie fühlen sich noch wahnsinnig verletzlich. Gegen diese Verletzlichkeit könnten Sie sich nur schützen, indem Sie am Alten festhalten. Aber das hieße eben auch den Status quo zu zementieren und bewusst auf Wachstum und Weiterentwicklung zu verzichten.

Dann aber würden Sie nie herausfinden, wie Sie als die neue, größere Version Ihrer selbst sein werden!

Niemand weiß, wie gut Sie sein können.

Niemand weiß, was Sie erreichen können.

Nicht einmal Sie selbst.

Es gibt nur eine Chance, das herauszufinden: Den alten Panzer abwerfen und sich auf die Reise machen.

Und das bedeutet: Sie entscheiden sich dafür, zumindest vorübergehend verletzlich zu sein.

Verletzlichkeit ist etwas Gutes!

Wir sollten keine Angst vor der Angst haben, verletzt zu werden, denn nur mit dieser Angst werden wir wachsen. Und noch etwas: Der Hummer fährt ein deutlich höheres Risiko als Sie! Wenn Sie sich vom alten Panzer befreien, brauchen Sie wenigstens nicht befürchten, gefressen zu werden ...

Wir sind Sympathisanten des mutigen Lebens, der offensiven Strategie im Umgang mit der Angst. Wir wollen später mal so wenig wie möglich bereuen, was bedeutet, dass wir heute Wagnisse eingehen wollen. Ein entschiedenes Leben zu führen heißt, dass wir die Illusion aufgeben, uns von Zweifeln befreien zu können. Wir werden einfach damit leben müssen. Und wir sind bereit, den vollen Preis für unsere Entschiedenheit zu bezahlen.

9

There is no free lunch

Nächstes Wochenende ist dieses ätzende Seminar, die Woche drauf der Polterabend von meinem Mitarbeiter und am Wochenende drauf habe ich Geschäftsführersitzung. Das ist doch nicht fair! Wann bin ich mal dran? Wo komme ich hier vor? Warum kann ich nicht auch mal ein Wochenende für mich haben?«

Für viele Menschen bedeutet »viele Optionen haben« automatisch »viele Verpflichtungen haben« – und dabei mischen sich private und geschäftliche Verpflichtungen im perfekten Work-Life-Blending zur totalen Kalenderblockade. Und Mutter oder Vater muss man ja auch noch sein. Und um die alternden Eltern muss man sich auch noch kümmern. Und Elternsprecher in der Schule. Und Kassenwart beim Karnevalsverein. Und guter Nachbar. Und die Steuererklärung muss auch noch gemacht werden. Und der nächste Urlaub bucht sich auch nicht von selber. Und für den Kinderkleidungsbasar hat man versprochen, einen Kuchen zu backen. Und vor dem Wochenende muss noch jemand einkaufen gehen. Und der Versicherungsvertreter will einen Rückruf. Und der Hund muss Gassi. Und eigentlich wollte man Bundesliga gucken. Und wer hängt die Wäsche auf? Und so eine entspannte Zeit zu zweit, wann haben wir die das letzte Mal gehabt?

Deal!

Es ist verlockend, zwischen all den Terminen und dem ständigen Handlungsdruck von außen in die Opferrolle zu gehen und wie ein trotziges Grundschulkind aufzustampfen und »immer muss ich alles …!« zu motzen. Aber in Wahrheit haben Sie, wenn Sie in so einer der typischen Druck-von-überall-her-Situationen unserer modernen Zeiten festhängen, einfach nur die Zwischenrechnung bekommen: Ihr Leben hat Ihnen mal abschlagsweise die aufgelaufenen Deals der letzten Zeit aufaddiert und Ihnen die fällige Summe präsentiert. Das ist legitim.

In die Opferrolle gehen und wie ein trotziges Grundschulkind aufstampfen.

179

Denn Ihre Situation heute ist das Ergebnis Ihrer Kaufentscheidungen der Vergangenheit. Kinder? – Nehm ich. Hund? – Her damit. Eltern pflegen? – Gebucht! Wochenendhaus in den Dolomiten? – Warum nicht? Elternsprecher? – Hier! Führungsposition? – Gekauft!

Und die Kaufentscheidungen basieren immer auf Preisvergleichen. Natürlich zahlen Sie einen Preis, wenn Sie zum Polterabend, zum Seminar oder zur Geschäftsführersitzung gehen. Der Polterabend des Mitarbeiters und die damit verbundene Zeit, die Sie investieren, sind der Preis für Ihre Chefrolle. Das ätzende Seminar und die damit verbundene Zeit sind der Preis für Ihre Karriere. Und die Geschäftsführersitzung inklusive Vorbereitung und allem Zeitaufwand sind der Preis für den Job in der Geschäftsführung.

Jede Lebensentscheidung ist ein Tausch zwischen Dingen, die Sie bekommen, und Dingen, die Sie dafür bezahlen müssen. Meistens gehört zum zu entrichtenden Preis eine große Menge Lebenszeit dazu.

Wir vergleichen im Leben immer Preise. Oft tun wir das unbewusst, manchmal auch bewusst: »Was würde es kosten, wenn ich meinen Partner verlasse, meinen Arbeitgeber wechsle, in die Niederlassung nach Sao Paulo wechsle, meine alte kranke Mutter in unser Haus nehme und pflege ...« Am Ende des Prozesses haben wir dann Preise verglichen, Kosten, Nutzen, Alternativen bewertet und kommen dann – hoffentlich – zu einem Ergebnis, also zu einer Entscheidung. Der Punkt ist: Wenn man sich dessen nicht bewusst ist, erlebt man sich nicht als Regisseur im Leben, sondern als Statist. Wenn Sie aber eher Statistenrollen gewählt haben, dann brauchen Sie dringend jemandem, dem Sie die Schuld geben können ...

Es ist de facto nicht so,
dass maskierte Männer eines Überfall-
kommandos Sie gefesselt, geknebelt und
gegen Ihren Willen zum Polterabend des
Mitarbeiters geschleppt hätten.

Es ist aber nicht der Chef schuld oder der Lebenspartner oder das Finanzamt oder das Wetter oder die Globalisierung oder der Stand der Gestirne. Sie haben so entschieden, wie Sie eben entschieden haben. In Ihrer Entscheidung sind Sie jedes Mal frei, auch wenn Sie es oft nicht so empfinden. Es ist doch de facto nicht so, dass maskierte Männer eines Überfall-kommandos Sie gefesselt, geknebelt und gegen Ihren Willen zum Polterabend des Mitarbeiters geschleppt hätten. Nein, Sie haben es so entschieden. Es schien Ihnen die beste Alter-native zu sein. Sie haben zur Bezahlung eine Summe von Ihrem Zeitkonto abgehoben, die Sie vielleicht auch für Ihren Lebenspartner, für die Familie oder für Ihr Hobby hätten investieren können. Aber Sie haben eben den Polterabend vorgezogen.

Wahrscheinlich hatten Sie bei Ihrer Entscheidung, die Sie jetzt möglicherweise beklagen, vor allem die Dinge im Blick, die Sie bei Ihren Tauschhandeln üblicherweise bekommen: Geld, Macht, Prestige, gut dastehen, Sicherheit, Bequemlich-keit ... Aber auch für jede andere Entscheidung hätten Sie einen Preis zahlen müssen.

181

Die Frage ist immer, welches Konto Sie bevorzugt belasten: Ein Beziehungskonto? Ein Gesundheitskonto? Ein Karrierekonto? Oder am Ende dann doch wieder das große, aber unaufhaltsam schrumpfende Lebenszeitkonto?

Der deutsche Psychologe und Selbstführungsexperte Jens Corrsen bringt da einen seiner Erleuchtungssätze ins Spiel: »Wo ich bin, will ich gerade sein. Alles andere war mir bisher in meiner Vorstellung zu teuer.«

So ist es.

Nur könnten Sie dann nicht mehr die Opferrolle beanspruchen.

Wenn Sie Ihre volle Kosten-Nutzen-Rechnung am Beispiel des Polterabends vor sich selbst offenlegen würden, dann würde vielleicht etwas herauskommen wie: »Ich liebe meine Familie und ich werde am Wochenende zu dem Polterabend eines Mitarbeiters gehen, weil mir dessen Zufriedenheit wichtig ist. Dafür bezahle ich, indem ich am Wochenende weniger Zeit mit der Familie verbringe und ich verlange von meiner Familie, dass sie diesen Preis ebenso für mich entrichtet.«

Dieser Satz würde Klarheit über den Preisvergleich schaffen. Nur könnten Sie dann nicht mehr die Rolle des Opfers der Umstände für sich beanspruchen. Sie übernehmen die volle Verantwortung, nicht nur für sich, sondern auch für alle Ihre Beziehungen.

Unter der Feelgood-Oberfläche

Ein entschiedenes Leben zu führen bedeutet, volle Verantwortung zu übernehmen für das, was wir tun oder lassen. Für
das, was wir wählen oder nicht wählen. Wozu wir Ja sagen
und wozu wir Nein sagen. Das ist letztlich der Gesamtpreis,
die Summe aller kleinen Deals, der Preis für ein Leben in
Freiheit: Selbst-Verantwortlichkeit!

Wenn wir unsere Unterschrift unter diesen Gesamtvertrag
setzen, wenn wir diesen Preis akzeptieren, dann dürfen wir
auf dem Regiesessel des Lebens Platz nehmen – sonst nicht.

Wenn Sie zum Beispiel einen spannenden neuen Job in
Aussicht haben, der damit verbunden ist, nach Berlin zu ziehen: Was ist mit der Familie und dem neugebauten Häuschen
in Konstanz? Ein Kompromiss, um die Kosten der Entscheidung abzumildern, könnte sein, zu pendeln. Aber auch das
kostet: Dann sehen Sie Ihren Partner und Ihre Kinder nicht
mehr so häufig, wie Sie es gern hätten. Sie könnten außerdem
nicht mehr in der Fußballmannschaft mitspielen, weil Sie es
nicht mehr schaffen, mit der Mannschaft unter der Woche zu
trainieren ... und so weiter. Allerdings: Der Verbleib im alten
Job würde aber auch etwas kosten, nämlich den Verzicht auf
den neuen, spannenden Job mit allem, was daran hängt. Die
Entscheidung ist sehr komplex. Sicher ist dabei nur eines:
Egal, was Sie machen und wie Sie es machen, es wird teuer. –
Kein Wunder, dass viele Menschen unentschlossen sind oder
mit ihren Entscheidungen hadern.

Wir sind mittlerweile dafür sensibilisiert. Darum hören
wir in unserem Freundes- und Bekanntenkreis, aber auch bei

Kunden und Geschäftspartnern im Gespräch häufig Sätze wie: »Wenn die Kinder mit der Schule fertig sind, dann überlege ich mir eventuell nochmal das mit dem Job und dem Umzug in die neue Stadt ...« – Das sind die berühmten Wenn-dann-Konstruktionen, deren Funktion es ist, den momentanen Verantwortungsdruck auf die Zukunft abzuwälzen. Mit dem Preis, dass sich die Verantwortungsberge dann eben in der Zukunft auftürmen ... – Vermeidungs- oder Aufschiebungslösungen sind nur Scheinlösungen.

Egal, was Sie machen
und wie Sie es machen,
es wird teuer.

Nicht wenige Menschen empfinden Entscheidungsprozesse als so unangenehm, dass sie nach jeder Entscheidungshilfe greifen: »Mein Freund Dieter hat ja auch vor einigen Jahren einen Job in einer anderen Stadt angenommen und kurz darauf hat er sich scheiden lassen ...« Das Beispiel von Dieter wird als »Beweis« genommen, dass Jobs in anderen Städten niemals funktionieren und man deshalb besser die Finger davon lassen sollte.

Aber das hat etwas von Selbstbetrug. In Wahrheit geht es auch bei der Orientierung an vermeintlichen »Best-Practice-Lösungen« anderer immer nur darum, den Rucksack der Selbstverantwortung zu erleichtern. Beliebt ist in diesem Zusammenhang auch der Versuch, sozial anerkannte Sachzwänge heranzuziehen: »Das kann ich wegen der Kinder nicht tun.« Klar, da würde jeder nicken. Ist ja sozusagen für einen »guten Zweck«. Die scheinbare moralische Überlegenheit der Lösung überdeckt die knallharte Rechnung, die unter der Feelgood-Oberfläche gemacht wird.

All diese »sachlichen Argumente« erscheinen besonders geeignet, der Entschiedenheit eine Absage zu erteilen. Denn wer sich dem Sachzwang beugt, tut, was zu tun ist, beziehungsweise lebt so, wie alle leben. Wie es vernünftig ist. Wie es sich bewährt hat. Man will ja kein Außenseiter sein. Das ist vertrautes Gelände, die sichere Lösung. Aber wenn Sie die Decke wegziehen: Gibt es Sachzwänge wirklich? Ist der Hinweis darauf nicht vielmehr eine Denkfaulheit, Bequemlichkeit, ein vorgeschobenes Argument, ein gut getarnter Selbstbetrugsversuch?

Wenn wir uns entscheiden, unser Leben mit Entschiedenheit zu leben, hat das weitreichende Konsequenzen. Entschiedenheit und Freiheit gehen Hand in Hand – und sie gehen Hand in Hand mit der Selbstverantwortung.

Da werden Sie nicht drum herum kommen.

Entschiedenheit zu leben bedeutet, die Energie aus sich selbst heraus zu beziehen und sich weitgehend unabhängig zu machen vom »Like« und dem erhobenen Daumen anderer. Es bedeutet, seinen eigenen Weg zu gehen, und es bedeutet das Ende der Schuldzuweisung, des Jammerns, Wehklagens und der Opfer-Haltung.

185

Eine ganz wichtige Erkenntnis in diesem Zusammenhang: Entschiedenheit bedeutet auch, dass niemand Macht über Sie hat, sondern dass Sie die Macht immer nur temporär und begrenzt verleihen. Sie können immer wieder täglich neu über Ihre Lebenssituation entscheiden. Und es bedeutet nicht nur die Verantwortung für das Gute, sondern auch für das Schlechte in Ihrem Leben zu übernehmen.

Stur an seinem Weg festzuhalten und die Augen vor den Alternativen zu schließen, wäre dabei ein Holzweg. Wenn Sie entschieden leben wollen, müssen Sie alle Möglichkeiten ohne Vorurteile prüfen – ohne das Spektrum der Alternativen dadurch einzuschränken, indem Sie nur das wählen, von dem Sie glauben, dass es von Ihnen erwartet wird.

Entschiedenheit bedeutet auch, alle Hängepartien zu beenden, indem Sie das, was Sie tun, mit ganzem Herzen tun – oder es lassen! Das ist ein klares »Nein!« zu Halbherzigkeiten. Es ist der Abschied von der Unentschiedenheit.

Entschiedenheit
gibt Energie!

Die Energie kommt dabei von innen, von der eigenen Entschiedenheit, von unserem großen »Ja« und den daraus abgeleiteten »Neins«. Die Entschiedenheit selbst ist es, die Ihre Würde und Selbstachtung stärkt. Das gibt Ihnen die Energie zu handeln, um Situationen zu ändern, wenn sie Ihnen nicht mehr gefallen. Entschiedenheit gibt Energie! Energie, die Sie dazu nutzen können, um neugierig zu sein und dorthin zu gehen, wo es etwas zu lernen gibt, wo Sie herausgefordert werden, wo es spannend ist, wo Sie scheitern können! Wer so lebt, der weint den so genannten »verpassten Gelegenheiten« keine Träne nach.

Viele Menschen trauen sich die Entschiedenheit jedoch nicht zu oder wollen sie vielleicht auch gar nicht. Oftmals fällt ihnen das nicht einmal auf. Und wenn es ihnen doch auffällt, dann behaupten sie steif und fest, es sei schwer, Entschiedenheit zu leben.

Wir hingegen halten ein Leben in der Unentschiedenheit und der Fremdbestimmung für viel beschwerlicher. Wir sagen nicht, dass Sie sofort von null auf hundert durchstarten sollten. Manchmal reicht schon ein kleiner Schritt. Setzen Sie sich auf den Regiestuhl und übernehmen Sie die Rolle des Regisseurs. Das ist der erste Schritt und das Weitere ergibt sich dann.

Dein Wille geschehe

Von dem irischen Managementphilosophen Charles Handy stammt die Aussage: »Wir haben keine Karrieren mehr, wir haben mehrere Leben in unserer Lebensspanne.«

So sehen wir das auch. Und um diese Leben als Chance zu begreifen, braucht es Mut und Entschiedenheit. Es ist sehr viel einfacher, am bekannten Leben festzuhalten, selbst wenn es uns anscheinend nirgendwo hinführt. Ein Wechsel des Lebens zwingt uns oft, auf einer anderen Leiter noch einmal auf der untersten Sprosse zu beginnen. Doch wenn wir entdecken, dass die Leiter, die wir zu erklimmen versuchen, an der falschen Mauer lehnt, ist die Entscheidung eigentlich unausweichlich. Wir müssen rasch eine andere Leiter finden. Allerdings ist es eine Sache, die Entscheidung im Geist zu

187

fällen, und eine ganz andere, sie auch in die Tat umzusetzen. Denn für das Erklimmen der neuen Leiter ist ein Preis fällig. Diesen Preis sehen wir und er lässt uns zögern. Was die meisten dabei übersehen: Für das Verharren auf der alten Leiter wird auch ein Preis fällig. Und oft ist der sogar noch höher!

In seinem Buch *An der Freiheit des anderen kommt keiner vorbei* schreibt Reinhard Sprenger, dass zwar alle Menschen ein gutes, ein gelungenes Leben führen wollen, dass aber nur wenige bereit sind, dafür Opfer zu bringen.

Denn wer ein gelungenes Leben führen will, muss sich anstrengen. Und etwas anderes hintanstellen. Was Sie im Leben verfolgen und was Sie dem unterordnen, ist eine Frage Ihrer Prioritäten. Und die sind so individuell wie Ihre Stärken, Talente, Fähigkeiten und Vorlieben.

Die »Festlegung« auf bestimmte Lebensverhältnisse ist nur eine scheinbare. In Wahrheit können wir jederzeit den Beruf, den Lebenspartner, den Wohnort und vieles mehr ändern. Wir können jederzeit einen Sport anfangen, die Ernährung umstellen, den Job kündigen, mit dem Rauchen aufhören, das Haus verkaufen, einen Sportwagen anschaffen, den Segelschein machen, uns weiterbilden, den Posten des Chefs anstreben. Wir sind viel freier, als wir es uns zugestehen.

> Dieser Blues ist eine Art Selbsthypnose, eine selbst induzierte Depression.

188

Gerade viele Menschen zwischen 40 und 60 leiden häufig unter dem geänderten Blickwinkel, den dieses Leben mit sich bringt: Der »Rest« ist kleiner als das bereits vergangene

Leben. Der Blick verengt sich: Wenn nichts Entscheidendes geschieht, werde ich die mir verbleibenden Lebensjahre auf die immer gleiche Weise verbringen. Alle großen Entscheidungen sind getroffen. Und ich frage mich: War das alles richtig so? Hätte ich Besseres erreichen können? War das jetzt schon alles?

Dieser Blues ist eine Art Selbsthypnose, eine selbst induzierte Depression. Denn selbstverständlich können Sie – sofern Sie alle Ausreden streichen – in jeder Sekunde Ihres Lebens alles über den Haufen werfen und neu beginnen. Die Tatsache, dass die meisten Menschen diese Freiheit nur selten ausschöpfen, hängt damit zusammen, dass sie sich ihrer Freiheit gar nicht bewusst sind.

Bezahlt um zu entscheiden

Auch in so manchem Unternehmen wird Wahlfreiheit als Zumutung erlebt. Mitarbeiter meiden Entscheidungssituationen, weil sie nicht bereit sind, den Preis der abgewählten Möglichkeiten oder gar des Scheiterns zu zahlen. Wenn ihnen dann jemand die Entscheidung abnimmt, können sie wieder initiativ werden und den Entscheider kritisieren: »Wie kann man so einen Blödsinn machen!«, »Das war aber falsch!«, »Das hätten wir besser machen müssen!«

Aber was ist die Alternative?

Die Alternative ist, den Mitarbeitern die Entscheidungen nicht abzunehmen. Das heißt aber auch: Die Mitarbeiter

189

selbst entscheiden zu LASSEN. Das heißt natürlich, dass Führungskräfte ihren Mitarbeitern auf der einen Seite überhaupt zutrauen müssen, verantwortliche Entscheidungen zu treffen. Außerdem müssen Führungskräfte ihren Mitarbeitern auch alles zur Verfügung stellen, was diese zum Entscheiden brauchen. Also insbesondere alle mit der Entscheidung zusammenhängenden Informationen.

Die Mitarbeiter müssen selbst entscheiden können, wie ihr Job am besten zu machen ist und was sie alles benötigen, um ihn zu machen. Sie müssen selbst bestimmen dürfen und wollen, wann ihre Arbeit erledigt ist, mit welcher Qualität sie zufrieden sind und welches Ergebnis sie erzielen wollen. Auf der einen Seite umfangreiche Vorgaben machen und auf der anderen Seite »Commitment« und verantwortliches Handeln von den Mitarbeitern verlangen – das passt nicht zusammen.

Das trendige »Empowerment« der Mitarbeiter kann nur dann gelingen, wenn sie von ihren Chefs umfangreiche Freiheit erhalten – und ihrerseits bereit sind, diese Freiheit anzunehmen und verantwortlich zu nutzen.

Für Führungskräfte heißt das: loslassen. Und für Mitarbeiter: zupacken. Und für beide heißt es: einander vertrauen. Die Führungskräfte brauchen den festen Glauben, dass ihre Mitarbeiter fähig sind zu entscheiden. Die Mitarbeiter brauchen den festen Glauben, dass die Führungskräfte sie auch dann weitermachen lassen, wenn Fehler passieren oder mal etwas gehörig in die Binsen geht.

In gewisser Hinsicht machen sich die klassischen »Entscheider« in einer Organisation damit überflüssig. Aber sie werden dadurch nicht obsolet. Ihre Rolle verändert sich lediglich. Die Führungskräfte konzentrieren sich auf ihre Verantwortung, einen Rahmen zu gestalten, der jeden Mitarbeiter befähigt, Verantwortung für seine Leistung zu übernehmen. Zu diesem Rahmen gehört vor allem das Organisieren von Transparenz. Informationsinseln und verantwortliche Mitarbeiter verhalten sich zueinander etwa so passend wie eine E-Gitarre zum Symphonieorchester. Und die Mitarbeiter benötigen nicht nur alle Informationen VOR der Entscheidung, sondern auch alle Zahlen, Daten und Fakten über die Ergebnisse, um die Entscheidungen und ihre Folgen DANACH selbst beurteilen und bewerten zu können. Auch dann, wenn es sich um Misserfolge handelt.

Ein anderer Aspekt, den Jens Corrsen erwähnt: Viele Mitarbeiter in Unternehmen betonen ständig, was sie alles müssen. Dabei scheint die Perspektive auf das, was sie wollen, nicht so attraktiv zu sein, als dass sie erwähnt werden müsste. Fakt ist aber, dass jeder Mitarbeiter etwas erreichen will. Jeder will seine Arbeit gut machen, einfach weil es Spaß macht, seine Arbeit gut zu machen. Es macht stolz, die selbst gesteckten Ziele zu erreichen.

»Wir Menschen sind doch nicht dumm: Wer jeden Morgen aufsteht und zur Arbeit geht, hat sich für das kleinere Übel entschieden – solange er nicht gefesselt dorthin geführt wird. Die Alternative heißt: liegen bleiben«, schreibt Corrsen.

In gewisser Hinsicht
machen sich die klassischen
»Entscheider« in einer Organisation
damit überflüssig.

Allerdings, und das wollen wir deutlich sagen: Entscheidungsfreiheit im Unternehmen einzuführen ist durchaus schwierig.
Mitarbeiter und Führungskräfte müssen hart an sich arbeiten um zu lernen Verantwortung zu übernehmen bzw. loszulassen.

Bei Ministry, einer digitalen Kreativagentur, war das gut
zu beobachten. Das Magazin brand eins berichtete 2015 von
der schwierigen Umstellung des Hamburger Unternehmens
auf eine freiheitlichere Arbeitsweise. Die Agentur wurde
1999 gegründet und zählt zu den etablierten Playern im
Markt. Die Chefs taten sich im Laufe der Zeit immer schwerer damit, die Organisation von oben zu steuern. »Wir mussten immer erst einmal Informationen einholen, um Entscheidungen treffen zu können«, sagt Geschäftsführer Andreas
Ollmann. »Der Aufwand war einfach zu groß.«

Im September 2013 suchten die vier Chefs darum nach
einer Lösung. Warum den verhassten Top-down-Ansatz nicht
ganz aufgeben und die Entscheidungen dort treffen lassen,
wo das Wissen ist: Nämlich in den Projektgruppen? »Wir
wollen hierarchiefreie Teams schaffen«, sagte Ollmann.

Die Teams sollten eigenverantwortlich über Controlling,
Ressourcen, Personalplanung und Kommunikation entscheiden. In einem späteren Schritt auch über die Kundenakquise
und Finanzplanung. Jedes Team sollte also in die Lage ver-

setzt werden, selbständig die komplette Wertschöpfung zu erbringen.

Die Chefs waren euphorisch, die Mitarbeiter aber waren skeptisch: »Wir hatten verstanden, dass nun keiner mehr führen durfte. Aber wer, fragten wir uns, macht denn jetzt 'ne Ansage?«

Der Wunsch nach »Ansage« war natürlich nichts anderes als der verkappte Wunsch nach Übernahme der Verantwortung. Die Mitarbeiter wollten sie zunächst nicht haben. Offenbar vermuteten sie einen schlechten Deal. Die Verantwortung wurde in der Übergangsphase im Kreis herumgeworfen wie eine heiße Kartoffel. Es hat Monate gedauert, bis alles wieder funktionierte und die neuen Rollen verteilt waren: Urlaubsplanung, Bewerbungsgespräche etc. – Wer macht was? Wann ist eine basisdemokratische Entscheidung sinnvoll, wann nicht?

> Die Verantwortung wurde im Kreis herumgeworfen wie eine heiße Kartoffel.

Mehr Freiheit bedeutet außerdem mehr Arbeit. Die Teams müssen sich abstimmen, eigene Ziele definieren und geeignete Maßnahmen treffen, um sie zu erreichen. »Und wenn das nicht gelingt, müssen wir uns den Spiegel vorhalten«, sagt ein Mitarbeiter. Zuerst mal musste geklärt werden: Was haben wir davon, wenn wir mehr arbeiten?

Und die Chefs? Für die ist die Umstellung mindestens ebenso groß. Sie müssen nicht nur Verantwortung abgeben und Fehler tolerieren. Sie sollen sich auch möglichst aus

193

dem Tagesgeschäft heraushalten. Und gerade das scheint das Schwierigste zu sein.

Die Geschäftsführung heißt nun Serviceteam. »Wir sind dazu da, das Umfeld zu schaffen, in dem die anderen ihren Job machen können«, sagt einer der Chefs. »Das ist nichts anderes als eine Dienstleistung. Ich habe kein Problem damit.« – Wenn er es extra betont, dass er kein Problem damit hat, dann haben andere Mitglieder der Geschäftsführung vermutlich durchaus ein Problem damit. Ihr Job verändert sich nämlich radikal.

Die Mitarbeiter – die trotz gestiegener Verantwortung nicht mehr verdienen – erwarten, dass die Geschäftsführung die neue Freiheit auch sinnvoll nutzt. Die Chefs stehen in der Verantwortung, sich jetzt mehr um längerfristige Strategien zu kümmern, die vernachlässigte Außendarstellung zu verbessern und neue Projekte zu initiieren.

Auch der Musikstreamingdienst Spotify ist ein Unternehmen ohne Hierarchie. Firmenchef Daniel Ek fordert von seinen Mitarbeitern: »Nicht fragen, machen!« Es braucht keine Erlaubnis oder gar Anweisung von oben, um tätig zu werden.

»Man muss kluge Köpfe nur machen lassen«, sagt Ek. Kleine, interdisziplinäre Gruppen sind für einen Teil der Musikplattform ganz allein verantwortlich. Jedes Team funktioniert wie ein Mini-Start-up.

Die Herausforderung dabei: Wie kann Spotify seine Kultur mit viel Entscheidungsfreiheit und Teamgeist in den kleinen Einheiten erhalten, ohne dass ihnen das Produkt und der Laden auseinanderfallen? Wie kann also die Kohärenz, die in einer herkömmlich geführten Pyramidenorganisation von der Hierarchie sichergestellt wird, auf andere Weise gewährleistet werden?

Bei Spotify besteht die Lösung vor allem in permanenten Feedback-Schleifen zwischen allen, die von der Sache etwas verstehen. Oft bewerten auch Kollegen mit, die zwar von der jeweiligen Sache wenig verstehen, aber ihren Kommentar einleiten mit: »Wenn ich mich in die Perspektive des Nutzers versetze ...« – Denn Musik hören sie natürlich alle bei Spotify.

Der Ton bei den vielen formellen und informellen Demo-Runden ist zwar freundlich, aber die Ansagen untereinander sind sehr deutlich: »Wer für sanften Gruppendruck nicht empfänglich ist, der hat bei Spotify ein echtes Problem.«

Jedes Team funktioniert
wie ein Mini-Start-up.

Das heißt: Während bei herkömmlich geführten Unternehmen durch Anweisung und Kontrolle in der Hierarchie von oben nach unten dafür gesorgt wird, dass nicht einfach jeder macht, was er will, erledigen diesen Job nun die Mitarbeiter untereinander durch gegenseitige Erwartungen und viel, viel Kommunikation.

Das ist für viele Mitarbeiter neu. Chefs sind im Vergleich dazu viel berechenbarer. Wir sind es ja im Fabrikzeitalter gewohnt gewesen, »es dem Chef recht zu machen«. Dafür musste der dann auch den Kopf hinhalten. Hierarchiefreie Systeme hingegen schaffen zunächst einmal Unsicherheit und sind höllisch anstrengend. Die Gruppe muss sich selbst Grenzen setzten, selbst Ziele definieren, selbst Strategien entwickeln. Und bei alledem muss die Manövrierfähigkeit der Organisation insgesamt gewahrt bleiben. Gelingt das nicht, schmiert entweder das Unternehmensergebnis ab oder die Mitarbeiter schlittern in die permanente Überforderung. Oder beides.

Diese Beispiele zeigen, dass Selbstbestimmung in Teams funktioniert. Und dass das die intrinsische Motivation aller heben kann. Sie zeigen aber auch, dass Freiheit im Unternehmen nicht umsonst zu bekommen ist.

Ich will, also bin ich!

In jedem Ent-Schluss wird etwas ent-schlossen, was vorher ver-schlossen war: das Selbst. Es steht also immer wieder neu zum willentlichen Entschluss an. Das freie Selbst drückt sich permanent aus, es äußert sich ständig.

An den Widerständen erkennt der Mensch das Eigene.

Das Individuum versichert sich durch sein Wollen und Tun seiner Identität: Ich will, ich kann, ich tue – dadurch entsteht erst das Ich, das sich durch sein Wollen, Können und Tun selbst erfährt. Deswegen ist der Wille der eigentliche Ursprung des Selbstbewusstseins. Die Energie für die Taten des freien Menschen kommt von innen. Nur dann erfährt sich der Mensch als eigenständig und für-sich-stehend.

Denn wenn ein Mensch aus innerem Antrieb heraus in die Welt wirkt, dann wird er auf Widerstände stoßen. An diesen Widerständen erkennt der Mensch das Eigene, erst durch diesen Gegensatz von Selbst und Außenwelt erlebt er das Ich in der Differenz zu dem Anderen.

Sie werden also nicht durch die Lebensumstände, mit denen Sie verwoben sind, geformt und zu dem gemacht, der Sie sind. Die Umstände und Verhältnisse, in denen Sie stehen, sind nur ein Spiegel, in dem Sie sich selbst erkennen können, wenn Sie sich in ihnen sichtbar machen.

Sie wählen selbst, wer Sie sind. Und durch die Grenze zwischen Ihrem Willen und dem Widerstand von außen umreißen Sie ihre Persönlichkeit. Sie stecken ab, wer Sie sind, in Ihrer Unabhängigkeit und Eigenständigkeit.

Somit passiert nichts in Ihrem Leben einfach so. Nichts wird getan. Die Passivkonstruktionen sind nichts für entschiedene Menschen. In ihren Sätzen gibt es ein Subjekt, einen Handelnden. »Ich tue!« statt »Es wird getan ...«, »Ich wollte!« statt »Es ist passiert ...«. Sie haben entschieden, weil Sie es so wollten. Es ist Ihnen nicht einfach widerfahren. Und mit allem, was Sie an dem Status quo stört, fordern Sie sich selbst heraus.

Natürlich: Ihre heutige Gegenwart hatten Sie nicht als bewusstes Ziel auf dem Plan. Ihre Gegenwart ist wie ein Puzzle aus unendlich vielen kleinen Entscheidungen. Und viele dieser Entscheidungen haben Sie unbewusst oder vielleicht sogar unachtsam gefällt, ohne im entscheidenden Moment die volle Tragweite zu überblicken. Aber dennoch: Es waren Ihre Entscheidungen!

10

Aber es kann doch nicht jeder den Klinsmann machen!

Freiheit und Selbstbestimmung sind ja schön und gut – für den Einzelnen! Aber wenn jeder sich herausnehmen würde, sein Ding zu machen und einfach immer Nein zu sagen, wenn es ihm in den Kram passt, wie sollen dann Gemeinschaften funktionieren? Ein Team, in dem nur Egoisten spielen, kann nicht funktionieren. Es braucht Mannschaftsspieler.

Ein Jürgen Klinsmann, der auf dem Spielfeld nur eines im Sinn hatte – Tore machen – wäre niemals der in halb Europa berühmtberüchtigte Torjäger geworden, wenn er nicht in seinen deutschen, italienischen, englischen, französischen und amerikanischen Mannschaften immer auch mannschaftsdienliche Zulieferer gehabt hätte.

Freiheit und Selbstbestimmung haben in unserem Kulturkreis einen schlechten Klang. Wenn das jeder machen würde, dann würde jedes Team, jedes Unternehmen, ja unsere ganze Gesellschaft zusammenbrechen unter der Egozentrik, der Gier und der Selbstsucht von lauter Einzelgängern.

Dementsprechend ist das Nein, das für den Einzelnen vielleicht ein Befreiungsschlag wäre, im sozialen Kontext eine Katastrophe. Eine Gesellschaft von Egomanen? Das kann nicht funktionieren!

Einer für alle

Regeln und Beschränkungen, feste Grenzen und Vorgaben werden ja nicht aufgestellt, um Menschen zu versklaven, sondern um zum Besten aller zu wirken. Die Regeln und Gesetze zwingen dem Individuum die Zivilisation auf. Ohne die Reglementierungen gäbe es auch heute nur Wilde, die sich die Keulen um die Ohren schlagen – glauben die Individualismuskritiker.

Wenn wir uns umschauen: Ganz offensichtlich hat nicht jeder das Freiheits-Gen. Und gottseidank ist das so, denn sonst hätten die Häuptlinge niemals Sippen gehabt, die Könige hätten nie Untertanen gehabt, die Unternehmer hätten nie Arbeiter gehabt, es hätte nie Fürstentümer, Reiche, Länder und Staaten gegeben, die moderne Welt hätte sich niemals entwickelt, wir wären noch immer Jäger und Sammler. Oder?

199

Ganz offensichtlich
hat nicht jeder das
Freiheits-Gen.

Die individuelle Freiheit, die in der Theorie so motivierend klingt, ist als Kollektiv von freien Egos in der Praxis nichts anderes als wilde Natur, in der der Schwächere dem Stärkeren ausgesetzt ist, argwöhnen viele. Darum beginnt für sie Humanität mit der Eingrenzung des Ichs: Wenn Menschen sich in die Zivilisation einordnen, dann dadurch, dass sie von außen vorgegebene Jas und Neins akzeptieren lernen, die ihren Wunsch nach Selbstbestimmung zurechtstutzen – so wie der Pubertierende lernen muss sich unterzuordnen, weil er sonst von der Schule fliegt.

Mit anderen Worten: Persönliche Freiheit geht immer auf Kosten der anderen. Denn die eigene Freiheit endet nunmal bei der Freiheit des anderen. Das läuft aus diesem Blickwinkel früher oder später auf einen Zweikampf um die Vorherrschaft des Egos hinaus. Der Stärkere gewinnt – und lebt fortan auf Kosten der Schwächeren.

Man könnte es auch milder formulieren: Den Luxus der individuellen Freiheit muss sich eine Gesellschaft erst einmal leisten können – indem sie in braver Pflichterfüllung und Unterordnung unter allgemeine Regeln den Wohlstand erzeugt, an dem sich dann wenige privilegierte »Freie« laben.

Aus dieser Logik heraus wird dem deutschen Bürger schon im Kindergarten und erst recht in der Schule beigebracht, dass Freiheit und Selbstbestimmung nur für Leute funktioniert, die sich das auch leisten können, weil sie dank ihrer privilegierten Situation finanziell unabhängig sind. Und die

200

»aufgeklärte« Öffentlichkeit schimpft die Freiheitssuchenden »Neoliberale« und verwendet diesen ursprünglich rein positiv besetzten Begriff für eine zwischen Individuum und Kollektiv ausgewogene Denkhaltung neuerdings als Schimpfwort.

Selbstbestimmung, die auf echter Entschiedenheit basiert – also ein großes Ja und damit verbunden auch Neins – das funktioniert nicht für die Mehrheit. Stattdessen wird Gesellschaftskonformität gelehrt: zuerst in der Schulbank, später vor dem Fernseher, wenn die offizielle Deutung der kollektiven Wahrheiten per Talkshow, dem Ersatzparlament der staatlich gelenkten Mediendemokratie, verkündet werden. Selbstbestimmung bringt nichts außer Verdruss für alle. So ist das, so war das und so wird das auch immer sein.

Alle individualistischen Regungen wie eigene Ideen, eigene Fragen, Widerstände und eigene Meinungen haben in der geregelten Staatsbürgerkunde nichts verloren und werden weggebügelt, damit aus den aufmüpfigen Freiheitssuchern funktionierende Schüler, Mitarbeiter und Staatsbürger werden.

> Es gibt doch
> kein einziges gesundes Kind,
> das sagt: Wenn ich mal groß bin,
> werde ich Buchhalter!

So ein bisschen Eigensinnigkeit ist ja ganz in Ordnung, das lassen sie noch durchgehen, aber übertriebenem Individualismus frönen – das darf man doch nicht! Wo kämen wir denn hin, wenn jeder den Klinsmann machen würde? Dann würde das System zusammenbrechen. Wer macht dann den Dreck weg, pflegt die Alten, sammelt den Müll ein, macht die Büros sauber oder schneidet den Menschen die Haare?

Was ist mit den nicht prickelnd klingenden, aber höchst notwendigen Berufen wie Buchhalter, Bestattungsunternehmer, Revisor oder Pathologe? Mal ganz im Ernst: Es gibt doch kein einziges gesundes Kind, das sagt: Wenn ich mal groß bin, werde ich Buchhalter! Und dennoch brauchen wir sie, oder nicht? Würde die Welt aus lauter Freigeistern bestehen, dann würde das die Arbeitsteilung auflösen und rückgängig machen und uns um Jahrhunderte zurückwerfen.

Insofern: Ist es nicht unmoralisch, das Nein zu propagieren und die Leute in einem theoretischen Konstrukt namens »entschiedenes Leben« zu unterweisen? Wäre das nicht staatszersetzend?

Einigkeit und Recht und Freiheit

Seit 2011 wird jährlich vom John Stuart Mill Institut für Freiheitsforschung in Heidelberg in Kooperation mit dem Institut für Demoskopie Allensbach der sogenannte *Freiheitsindex Deutschland* ermittelt. Auf der Basis von Meinungsumfragen schätzen die Forscher ein, wie wichtig für die deutschen Bürger die Freiheit ist. Die Frage lautet: »Schätzen Sie das Grundrecht auf freie Entscheidung und Handlungsfähigkeit höher als das Recht auf Gleichheit und Sicherheit?« Zwar ist einer relativen Mehrheit von 46 Prozent der Deutschen die Freiheit wichtiger. Doch die Gruppe derjenigen, die der Gleichheit den Vorzug geben, ist mit 38 Prozent nicht viel kleiner.

Und selbst unter den freiheitlich gesinnten Bürgern ist die Neigung groß, vom Staat vieles per Gesetz verbieten zu lassen, was einem selbst nicht passt. Professorin Ulrike Ackermann, Leiterin des John Stuart Mill Instituts, attestiert den Deutschen in einem Interview mit dem Deutschlandfunk eine »Freiheitsvergessenheit«. »Die Neigung, einen sehr fürsorglichen, betreuenden Staat zu haben, auf Sicherheit zu setzen, den Wert der Sicherheit höher zu schätzen als den Wert der Freiheit, das ist nach wie vor bei den Deutschen äußerst ausgeprägt«, sagt sie. »Das ist auch eine interessante Beobachtung, dass jemand, der sich frei fühlt und gleichermaßen sagt, ich will mein Leben selbst in die Hand nehmen, es dann letztendlich doch bequemer findet, wenn der Staat ihn umsorgt und für ihn aufkommt und ihn dirigiert.«

Warum ist der paternalistische, alles bis ins Detail vorschreibende und bestimmende Vater Staat so attraktiv für so viele?

Wasser und Öl

Die Sicherheit der Fremdbestimmung wird von so vielen der Freiheit und Selbstbestimmung vorgezogen, weil sie nicht nur verhängnisvolle Konsequenzen für Wirtschaft oder Gesellschaft fürchten, die sie in Gier und Egoismus untergehen sehen. Nein, sie befürchten ebensolche Konsequenzen auch für sich selbst als Individuen: Denn obwohl das selbstsüchtige Nein der Selbstbestimmten die Gemeinschaft scheinbar zerstört, brauchen auch sie selbst den Schutz und die Geborgenheit der Gemeinschaft. Auch sie wollen eigentlich dazugehören.

Auch sie wollen gemeinsam mit anderen etwas erreichen, wollen nicht nur als Einzelkämpfer allein auf weiter Flur gegen Windmühlen kämpfen. Selbst ein Typ wie Jürgen Klinsmann, der sich immer herausgenommen hat, NEIN zu sagen, selbst er hat einen Mannschaftssport gewählt und war sowohl bei Fans als auch bei Mitspielern sehr geschätzt.

Wenn also weder die Gesellschaft Selbstbestimmung fördert noch die Freiheitsliebenden alleine zurechtkommen wollen, dann funktioniert das alles doch gar nicht. Fremdbestimmte Kollektive und selbstbestimmte Individualisten scheinen Gegensätze zu sein, die sich abstoßen wie Wasser und Öl. Oder gibt es da doch eine Lösung? Und damit meinen wir eine Lösung, die ins 21. Jahrhundert passt.

TEIL III

Warum wir eine Antwort brauchen

11

Die schlimmste Strafe der Welt

Harry lehnt es ab, sich wie ein braver Bürger zu verhalten. Er ist ein Mensch auf der Suche nach dem Sinn in seinem Leben, einer, der versucht, nicht der Herde hinterherzulaufen, sondern sein eigenes Leben zu leben. Er erkauft sich nicht Gewissensruhe, Behagen und Bequemlichkeit durch die Veräußerung seiner Freiheit: »Ein Bureau, eine Kanzlei, eine Amtsstube, das war ihm verhasst wie der Tod, und das Entsetzlichste, was er im Traum erleben konnte, war die Gefangenschaft in einer Kaserne.«

Gemeinschaft als gefühlte Gefangenschaft – dieser Harry, um den es hier geht, ist natürlich der *Steppenwolf* aus dem gleichnamigen Roman von Hermann Hesse. Er ist der Phänotyp des Charakters, der seine Freiheit in Form völliger Unabhängigkeit verwirklicht hat.

Doch die Geschichte von Harry ist deshalb so berührend, weil sein Streben nach Unabhängigkeit ihn in die Beziehungslosigkeit führt – und das ist eine brutale Konsequenz: »Er erreichte sein Ziel, er wurde immer unabhängiger, niemand hatte ihm zu befehlen, nach niemandem hatte er sich zu richten, frei und allein bestimmte er über sein Tun und Lassen. Denn jeder starke Mensch erreicht unfehlbar das, was ein wirklicher Trieb ihn suchen heißt. Aber mitten in der erreichten Freiheit nahm Harry plötzlich wahr, dass seine Freiheit ein Tod war, dass er allein stand, dass die Welt ihn auf eine unheimliche Weise in Ruhe ließ, dass die Menschen ihn nichts mehr angingen, ja er selbst nicht, dass er in einer dünner und dünner werdenden Luft von Beziehungslosigkeit und Vereinsamung langsam erstickte.«

Niemand ist eine Insel

Dass der Mensch ein »Gruppentier« ist, das ist nicht nur eine Binsenweisheit. Der Homo sapiens entwickelte sich über Jahrmillionen nicht als Einzelgänger, sondern im engen Zusammenleben in einer sozialen Gemeinschaft. Primär bot die Gemeinschaft dem Individuum Schutz. Überleben bedeutete, zusammen zu leben. Aber außerdem bot sie ihm die Chance zu einer enormen geistigen Entwicklung: Das durch immer mehr implizite und explizite Regeln und Normen bestimmte, komplexe soziale Miteinander forderte eine Anpassung der intellektuellen Fähigkeiten, forderte Sprache, Mimik und Gestik sowie komplexe Verhaltensmuster. Die Fähigkeiten des menschlichen Gehirns nahmen immer weiter zu. Je diffiziler das Zusammenleben wurde, desto leistungsfähiger wurde auch das Gehirn.

Evolutionär gesehen ist der Homo sapiens also ein soziales Wesen.

Insbesondere der frühkindlichen Bindung kommt eine extrem große Bedeutung zu. Erlebt ein Säugling nach der Geburt Urvertrauen und Sicherheit, stabilisieren ihn diese Gefühle sein Leben lang. Diese Erkenntnis ist inzwischen Grundkonsens in der Wissenschaft. Die sogenannte sichere Bindung an Eltern und andere Bezugspersonen gilt als emotionale Nahrung, denn das Bedürfnis nach Geborgenheit muss genauso gestillt werden wie Hunger und Durst oder das Verlangen nach Luft, Schlaf oder Bewegung.

Überleben bedeutete, zusammen zu leben.

Bindungen zu Bezugspersonen sind also elementar für die Gesundheit und die Entwicklung des Menschen. Gilt das nur für die Kindheit? Was passiert, wenn der Mensch später im Leben aus einer Gruppe ausgeschlossen wird?

So etwas gibt es in Schulcliquen, Arbeitsteams, Kegelvereinen ebenso wie in religiösen Gemeinschaften, aber auch in Staaten. Der Ausschluss aus der Gemeinschaft wurde schon immer als Strafe verwendet. Wenn ein Individuum durch sein Verhalten oder einfach durch sein Anderssein eine Gruppe gefährdet oder zumindest in der Gruppe Angst auslöst, dann verlangt die Gruppe den Ausschluss des Individuums. Die Gefängnisstrafe, die Verbannung, die Vogelfreiheit, die Entlassung, die Rücktrittsforderung, der Entzug von Bürgerrechten, die Vertreibung oder das Scherbengericht im alten Athen, mit dessen Hilfe die Bürgerversammlung unliebsame Bürger für zehn Jahre der Stadt verweisen konnte – schon immer haben Gruppen Individuen auf unterschiedlichste Weise »weggemacht«. Der Fachbegriff dafür wurde vom griechischen Wort für »Scherbengericht« entlehnt und heißt »Ostrazismus«.

Für die Gruppe ist das Wegsperren, Wegjagen, Ignorieren oder wie auch immer geartete Ausstoßen immer eine Erleichterung. Die Homogenität der Gruppe wird dadurch gewahrt, was den Gruppenmitgliedern gute Gefühle gibt. Aus der Sicht des betroffenen Individuums aber ist der Ausschluss aus einer Gruppe in der Regel ein einschneidendes, schreckliches Ereignis. Jeder kennt die Erfahrung: Wenn Kinder nicht mit einem spielen wollen, wenn man einer Clique nicht cool genug erscheint oder wenn man von einem Fußballverein ausgeschlossen wird, weil man die Mitgliedsbeiträge nicht rechtzeitig bezahlt hat, oder in der Nachbarschaft zur Persona non grata mutiert, weil man ein Haus gebaut hat, das nicht der üblichen Erwartung entspricht. – Das ist schon in Ansätzen nicht lustig und nur schwer zu ertragen.

Ostrazismus kann gravierende Konsequenzen haben. Die beginnen damit, dass Betroffene mit schmerzähnlichen Symptomen reagieren. Offenbar hat die Zugehörigkeit zu einer

Gruppe für uns eine ähnliche Bedeutung wie die Integrität unseres Körpers. Der Schmerz liefert uns in beiden Fällen ein ziemlich starkes Motiv, unseren Körper vor Verletzungen zu bewahren beziehungsweise unserer Gruppe möglichst keinen Anlass zu liefern, uns auszuschließen. Und dieser Effekt ist ja auch evolutionsbiologisch sinnvoll und erklärbar: So wie der körperliche Schmerz uns hilft, akute Gefahrensituationen und Verletzungen zu vermeiden, so hilft der seelische Schmerz, der durch einen Ausschluss ausgelöst wird, abweichlerisches Verhalten von vorneherein einzuschränken, damit man den Schutz der Gruppe nicht verliert. Das erhöhte in den letzten paar Millionen Jahren schlicht die Überlebenswahrscheinlichkeit.

Du oder wir?

Ob die Individuen tatsächlich die Auffassungen der Gruppe teilen, ist dabei nebensächlich. Der Gruppenreflex sorgt dafür, dass die eigene Meinung zurückgehalten oder unterdrückt wird, weil die Gemeinschaft für das Überleben wichtiger ist. Das Ausleben von Individualität steht dem Einzelnen also nie völlig frei, sondern ist immer mehr oder weniger eingedämmt.

211

Die Furcht, als Steppenwolf
zu enden, ist einfach zu groß.

Wir neigen schon aus biologischen Gründen dazu, unsere Individualität, unser Freiheitsstreben und unsere Eigenständigkeit der Gemeinschaft unterzuordnen. Die Furcht, als Steppenwolf zu enden, ist einfach zu groß.

Wenn aber Menschsein bedeutet, Teil einer Gruppe zu sein, wenn wir die Gruppe so dringend benötigen, wie lässt sich das nun vereinbaren mit einem entschiedenen Leben?

Wie können wir auf der einen Seite unser großes Ja leben, die sich daraus ableitendenden Neins selbstbewusst äußern und gleichzeitig auf der anderen Seite weiterhin Teil der Gemeinschaften bleiben, in die wir eingebettet sind?

Denn wenn wir Nein sagen, dann auch immer zu den Erwartungen, den Forderungen der Gruppe. Und das führt reflexhaft dazu, dass die Gruppe das verneinend sich verweigernde Individuum als fremd empfindet. Je stärker das Denken und Verhalten des Individuums von dem der Gruppe abweicht, desto fremder wird es empfunden.

Aus Befremden wird Argwohn, aus Argwohn wird Hass und aus Hass wird Hetze. Gesellschaften können Individuen, die als Fremdkörper empfunden werden, enorm gefährlich werden. Alle Gemeinschaften mit starker Gruppenidentität, ob Familien, Vereine, Unternehmen oder Staaten, haben ein feines Sensorium für Zugehörigkeit einerseits und Fremdheit andererseits. Die Andersartigkeit Einzelner fällt sofort auf und wird schnell als unerträglich empfunden. Solche Situationen sind oft hoch emotional. Heutzutage entlädt sich dann zum Beispiel ein Shitstorm im Internet über den

»Fremdkörper«, in früheren Zeiten fiel der Mob über ihn her und übte Lynchjustiz.

Die Gesellschaft kann es nicht ertragen, dass jemand aus dem Rahmen fällt, weil jedes einzelne loyale Mitglied die Gruppe stärker macht. Ein zu freies Individuum wird als Schwächung der Gruppe empfunden, als Verlust, Makel oder Last. Auch die Gruppe hat einen Überlebenstrieb, und da gilt: je mehr, desto besser. Eine Spaltung der Gruppe kann dazu führen, dass die verkleinerte Gemeinschaft nicht mehr überlebensfähig ist. Darum wehrt sie sich gegen »Spalter«. Umgekehrt: Je mehr Gleichgesinnte, desto besser fühlt man sich.

In einer großen Gruppe haben Menschen das Gefühl automatisch im Recht zu sein: Wenn Millionen so denken wie ich, dann kann ich wohl nicht falsch liegen. Große Gruppen sind darum in der Lage, schreckliche Dinge ohne jede Reue zu tun, alleine legitimiert durch das Gesetz der großen Zahl.

Indem sich die Menschen unter dem Gruppendruck der Mehrheit anschließen und ihr Verhalten anpassen, sind sie in der Lage Dinge zu denken und zu tun, die sie als freie Individuen niemals tun würden und die sie eigentlich gar nicht wollen.

Wenn Millionen so denken wie ich,
dann kann ich wohl nicht falsch liegen.

Nur mit diesem Effekt sind viele der schlimmsten Verbrechen der Menschheit überhaupt zu erklären. Das Muster passt auf das Dritte Reich, wo ganz »normale« Bürger unter dem Schutz der Gruppe in Konzentrationslagern unvorstellbare Gräueltaten begingen; es passt auf die Jugoslawienkriege

Ende des 20. Jahrhunderts, wo Nachbarn einander plötzlich als Feinde in einem Bürgerkrieg gegenüberstanden und gegenseitig erschlugen; es passt auf die Rassendiskriminierung in den USA, auf die Herrschaft der Kolonialmächte, auf die Arbeitslager Stalins, auf den Terror von aufgehetzten Islamisten: Immer geht es um die Demütigung, Ausbeutung oder Vernichtung der Andersartigen durch eine große Gruppe, die wie im Wahn den Boden der Menschenrechte und oft sogar der Menschlichkeit verlässt. Was der eigenen Ideologie nützt, wird als zweckmäßig erklärt. Was nicht diesem Zweck dient, ist falsch.

In einer solchen Kultur wird alles, was nur den Hauch des Abweichlerischen hat, sofort kaltgestellt. Widersprüche, abweichende Verhaltensweisen und Unterschiede werden gnadenlos plattgemacht.

Eine Meinung, eine Position, eine Richtung – gültig für alle, auch wenn die Richtung menschenverachtend und kriegstreibend ist.

Der Wolf im Schafspelz

214

Unter dem Eindruck der unfassbaren Ereignisse im Nationalsozialismus wurden eine ganze Reihe von sozialpsychologischen Studien durchgeführt, deren Ziel es war, den destruktiven Gruppenphänomenen auf die Spur zu kommen.

Der polnischstämmige Sozialpsychologe Solomon Asch veröffentlichte in den USA 1951 die Ergebnisse seines heute berühmten Konformitätsexperiments. Es ging darum, dass Versuchspersonen zu einer vorgegebenen Linie aus einer Auswahl von drei anderen, unterschiedlich langen Linien diejenige benennen sollten, die gleich lang war wie die vorgegebene Linie. Die Aufgabe war so einfach, dass die Fehlerquote nahe null lag.

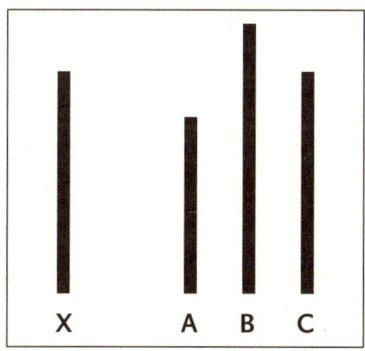

Referenzlinie und Vergleichslinien

Nun kam der nächste Schritt: Asch ließ eine Versuchsperson einen Raum betreten, in dem bereits eine Gruppe saß. Der Versuchsperson sagte Asch, dass es sich bei dieser Gruppe um andere freiwillige Teilnehmer handele. In Wahrheit waren alle Gruppenmitglieder außer der Versuchsperson aber Vertraute des Versuchsleiters.

Dann zeigte Asch allen das obige Bild. Jetzt sollten die Teilnehmer schätzen, welche der drei Vergleichslinien dieselbe Länge wie Linie X hatte – was bei genauem Hinsehen nicht allzu schwerfiel. Allerdings wählten die Gruppenmitglieder absichtlich und einstimmig eine eindeutig falsche

215

Antwort, also eine zu kurze oder zu lange Linie. Angesichts des Gruppenvotums begingen nun 75 Prozent der Getesteten offensichtliche Fehler, weil sie dem Urteil der Gruppe folgten, anstatt ihren eigenen Sinnen zu vertrauen.

Asch war auch der Doktorvater von Stanley Milgram, der 1961 das berühmte Milgram-Experiment durchführte. Testpersonen wurde dabei die Aufgabe gegeben, Menschen beim Lösen einfacher Aufgaben als »Lehrer« zu beaufsichtigen. Die »Schüler« sollten verschiedene Wortpaare zusammensetzen. Und sobald einer von ihnen einen Fehler machte, sollte der »Lehrer« ihn durch einen Stromschlag bestrafen. Die Intensität des Stromschlags sollte bei jedem Versuch erhöht werden.

Den destruktiven Gruppenphänomenen auf die Spur kommen

Die Testpersonen in der »Lehrerrolle« wussten nicht, dass die »Schüler« nur Schauspieler waren, dass sie absichtlich Fehler machen würden und dass in Wahrheit gar kein Strom fließen würde.

In dem Experiment ging es um die Frage: Wie weit würden die Testpersonen gehen? Jeder »Lehrer« wurde darüber aufgeklärt, dass er den Versuch abbrechen könne, wenn er es für richtig hielte.

Die Frage, die Milgram beschäftigte: Würden die Situation, in die der Versuchsaufbau die »Lehrer« brachte, und der Druck durch die Regeln des Experiments und durch die Autorität des Versuchsleiters die Testpersonen dazu bringen, andere Menschen ernsthaft zu verletzen oder in Gefahr zu bringen? Oder anders gefragt:

Wie groß ist die Bereitschaft zum Gehorsam?

Das schockierende Ergebnis des Experiments war, dass von 40 zufällig ausgewählten Versuchspersonen 26 bereit waren und in Kauf nahmen, im Rahmen des Experiments den »Schüler« durch Stromschläge bis zu 450 Volt zu töten. Nur 14 sagten NEIN und brachen ab – allerdings auch diese erst nach Erreichen der 300-Volt-Grenze. Also waren alle Testpersonen bereit, den »Schülern« erhebliche Schmerzen zuzufügen und die körperliche Unversehrtheit der Person zu verletzen. Selbst die (gespielten) Schreie der »Schüler« und das Flehen um Abbruch des Experiments hielt sie nicht davon ab, solange der Versuchsleiter die Fortsetzung des Experiments verlangte.

Übrigens spielte es für das Ergebnis keine Rolle, ob die Testpersonen männlich oder weiblich waren. Das Experiment wurde später auch in anderen Kulturräumen durchgeführt – mit den gleichen Ergebnissen. Die Bereitschaft zu Menschenrechtsverletzungen unter dem Druck von Autoritäten scheint geschlechts- und kulturübergreifend zu sein.

Das Milgram-Experiment macht bestürzt, denn es zeigt die dunkelste Seite menschlichen Verhaltens. Um es nochmals deutlich zu sagen: Die Testpersonen, die in die »Lehrer«-Rolle schlüpften waren keine ausgewiesenen Psychopathen, sondern ganz normale Leute.

Das macht es so schockierend und wirft drei Fragen auf, die elementar mit dem Thema Entschiedenheit zu tun haben:

Wobei mache ich mit?
Wozu sage ich Ja?
Wozu muss ich Nein sagen?

Als Wissenschaftler in einigen der vielen Wiederholungen des Experiments die Personen genauer untersuchten, die noch am ehesten und frühesten das Experiment abgebrochen und es gewagt hatten, dem Versuchsleiter zu widersprechen, stellten sie fest, dass diese »persönliche Verantwortung« als hohen Wert angaben. Offenbar ist das Gegenmittel gegen den »Milgram-Effekt« die Bereitschaft, als Einzelner Verantwortung zu übernehmen.

In anderen Worten: Diejenigen, die den Versuch am frühesten abbrachen, hatten offenbar einen klaren moralischen Kompass und wussten, wozu sie Nein sagen *mussten*.

Die anderen, die Jasager, hatten zwar gelegentlich ein schlechtes Gewissen, aber es reichte nicht, um Widerstand zu leisten und mit aller Entschiedenheit NEIN zu sagen.

Des Kaisers neue Kleider

Die Tendenz zum Jasagen zur Mehrheitsmeinung der Gruppe oder zu Autoritäten hat den schlimmen Effekt, dass nicht nur der dümmsten Lösung zum Durchbruch verholfen wird, sondern sogar abscheuliche Verbrechen im Namen des »Das wurde mir so aufgetragen« geschehen.

Auf die Frage des »Lehrers« im Milgram-Experiment, wer denn die Verantwortung für die Folgen der Stromstöße übernähme, lautete die Antwort des Studienleiters: »Die Verantwortung liegt ganz bei mir.« Den Versuchspersonen mittels Stromschlägen großes Leid zuzufügen, wurde so zur Ausführung einer Anweisung »von oben«. Man hat ja nur pflichtbewusst das getan, was einem aufgetragen wurde.

Wenn wir uns gedanklich von Milgram lösen und das Ganze in einem weiteren Kontext betrachten, wird klar, dass es zum menschlichen Gruppenverhalten gehört, das zu tun, was von einem erwartet wird. Und das wird nur in den seltensten Fällen hinterfragt. Warum auch? Wer mitspielt, wird belohnt mit sozialer Anerkennung und Aufstieg.

Mitläufer wurden von der
Natur belohnt, Einzelgänger bestraft.

Der Grund dafür ist klar: Unsere sozialen Fähigkeiten sind in Phasen der Evolution entstanden, in denen es darauf ankam, Feinden zu entkommen, Nahrung zu finden und Gruppen zusammenzuhalten. Und in all diesen Fällen war Mitmachen eine sinnvolle Strategie: Wenn alle fliehen, sollte man möglichst nicht stehen bleiben. Mitläufer wurden von der Natur belohnt, Einzelgänger bestraft.

Wenn aber genau dieses Verhaltensmuster nicht in einem Wald voller Wildtiere abläuft, sondern beispielsweise im Verkaufsraum einer amerikanischen Hypothekenbank, dann passieren im Rahmen von Gruppendruck, Gier und Größenwahn große, große Dummheiten, für die Menschen anschließend

219

Pleite gehen oder ins Gefängnis wandern und ganze Volkswirtschaften ins Wanken geraten.

Diese Schwarmdummheit ist eine altbekannte Sache, die von Hans Christian Andersen im 19. Jahrhundert in seinem Märchen »Des Kaisers neue Kleider« nach einem mittelalterlichen spanischen Vorbild in Szene gesetzt wurde: Weil das ganze Volk die schönen neuen Kleider des Kaisers bewunderten, jubelte jeder Einzelne mit und keiner traute seinen Augen und dem eigenen Urteil. Erst die Immunität eines Kindes gegenüber dem merkwürdigen Massentheater der Erwachsenen brachte die Wahrheit ans Licht: Der Kaiser war nackt!

Nicht ohne die Anderen

Weil Menschen sich in homogenen Gruppen allzu häufig dumm, menschenverachtend, gewalttätig und außerdem entwicklungs- und innovationsunfähig verhalten – und weil dieses Verhalten umso schlimmere Folgen hat, je komplexer unsere Welt wird – brauchen wir dringend Menschen, die ihre Individualität leben.

So wahr es ist, dass selbstbestimmte Individuen Gemeinschaft brauchen, um existieren zu können, so wahr ist auch: Gemeinschaften brauchen selbstbestimmte Individuen!

220

Eine extrem wichtige Voraussetzung dafür, dass eine Gruppe oder auch eine Gesellschaft nicht dumm, sondern intelligent agiert, ist Heterogenität und Diversität. Das erzeugt eine kreative Spannung, die oft zu innovativeren Ideen und besseren Ergebnissen führt. Je größer die Unterschiede zwischen den Mitgliedern sind, desto besser das erzielte Ergebnis. Das ist eigentlich nicht schwer zu verstehen: Das Problem der Homogenität ist, dass dort nichts Neues entsteht. Innovationen brauchen den Zündfunken, der entsteht, wenn sich unterschiedliche Ideen, unterschiedliches Denken, unterschiedliche Menschen aneinander reiben.

Der Sozialwissenschaftler Scott E. Page von der Princeton University hat herausgefunden, dass Diversität Begabung schlägt: Teams mit vielen »Anderen« entwickeln viele sehr unterschiedliche Lösungsansätze, die sich teilweise ergänzen, sich aber auch teilweise widersprechen – und in einem konstruktiven Wettbewerb gegeneinander antreten. Die Teams der »Besten« dagegen denken untereinander ähnlich und können sich darum nicht gegenseitig herausfordern. Das Ergebnis: Das Team der »Anderen« liefert schneller, mehr und originellere Lösungsansätze und kann die Probleme besser lösen.

Gesellschaft und Wirtschaft brauchen mehr Individuen und Selberdenker – wir sagen gerne: Querdenker. Sie entwickeln interessante Ideen jenseits des Mainstreams und treiben sie voran.

In der Praxis bedeutet das aber noch lange nicht, dass dies erwünscht und karriereförderlich wäre. Wer eine Meinung vertritt, die von der herrschenden Norm abweicht, ist sehr schnell einsam. Der Mehrheit ist allerdings nicht bewusst, dass sie dem Querdenker eigentlich dankbar sein sollte. Denn die abweichende Meinung ist auch dann nützlich, wenn sie falsch ist: Querdenker erhöhen die Qualität der Entscheidung, egal ob sie sich mit ihrer Meinung durchsetzen oder nicht. Geradezu verrückt ist darum, dass in Wirtschaft, Politik und Gesellschaft Ideenreichtum zwar einerseits gefordert, tatsächlich aber ausgerechnet die normgerechte Anpassung belohnt wird.

Hinzu kommt, dass in heterogenen Gruppen auch die Einhelligkeit fehlt, die eine wichtige Voraussetzung für viele der problematischen Gruppenreaktionen ist – sowohl bei Asch wie auch bei Milgram blieben in den Experimenten die problematischen Reaktionen genau dann aus, sobald jemand Zweifel äußerte.

> Sie können sicher sein, dass es
> ein einzelner kreativer Kopf war,
> der den Pflug erfunden hat.

Abgesehen davon wird sich in einer bunt zusammengesetzten Gruppe immer ein Mitglied finden, das sich mit einem bestimmten Thema auskennt – und damit sachliche Gründe für eine bestimmte Entscheidung liefert, statt die Gruppe einfach nur zur Nachahmung zu bewegen. Gruppen brauchen also Individuen, die als solche auftreten und ihre Interessen und Meinungen vertreten.

Wir sind darum davon überzeugt: Wir brauchen die Entschiedenheit, zu den Erwartungen der Gruppe NEIN zu sagen und für *unser* großes JA einzustehen. Wir brauchen Entschiedenheit nicht nur, damit das Individuum Erfüllung findet und am Ende seines Lebens nichts bereut.

Wir brauchen Entschiedenheit außerdem dringend, weil sonst unsere Gesellschaft den Herausforderungen unserer komplexen, globalisierten Welt nicht gewachsen ist.

Ökonomisches Wachstum und das Wohlergehen von Gesellschaften hängen direkt vom kreativen Output einer Gesellschaft ab. Sie können sicher sein, dass es ein einzelner kreativer Kopf war, der den Pflug erfunden hat. Jede Innovation, jede Entdeckung, jede umwälzende Erfindung in der Geschichte der Menschheit geht letztlich auf die Initiative eines einzelnen Querdenkers zurück.

Individuum und Gemeinschaft erscheinen uns wie zwei Seiten einer Medaille, wie zwei Pole einer Dualität, ohne die der Mensch nicht Mensch sein kann. Ohne Freiheit sind wir nichts, aber ohne Gemeinschaft ebenso wenig.

Worauf es ankommt, ist, wie wir es schaffen, unter heutigen Vorzeichen Individuum und soziale Gemeinschaft so miteinander und ineinander zu verschränken und zu verweben, dass wir unser kreatives Potenzial weiterhin zur Geltung bringen – in Unternehmen wie in der gesamten Gesellschaft.

> Ohne Freiheit sind wir nichts,
> aber ohne Gemeinschaft ebenso wenig.

223

Damit das funktionieren kann, brauchen wir heute vor allem eine Eigenschaft, die an vielen Stellen in Wirtschaft und Gesellschaft noch nicht ausreichend entwickelt ist: Toleranz.

Der amerikanische Ökonom Richard Florida sagt es so: »Toleranz steht für die Offenheit einer Gesellschaft oder Region, durch welche ein großes Spektrum an verschiedenen Persönlichkeiten angezogen wird, was zu einem hohen Austausch an neuen Ideen führt.«

Dabei bewegen wir uns in einem großen Spannungsfeld: Für Individuen bedeutet das, dass sie einerseits das Bedürfnis nach individueller Freiheit haben, andererseits aber auch nicht zum Steppenwolf mutieren und außerhalb der Gesellschaft stehen wollen. Für die Gemeinschaft bedeutet das, dass es einerseits gut für die Steuerbarkeit der Gruppe ist, wenn die Gruppenmeinung über der Einzelmeinung steht und die Mitglieder sich anpassen und einordnen, andererseits so aber nichts Neues entstehen und kein Fortschritt stattfinden kann. Außerdem kann sogar schädliches Gruppenverhalten auftreten, was wiederum eine Gefahr für die Gemeinschaft darstellt.

Was wir also brauchen, ist eine neue Antwort auf die alte Frage: Wie finden wir heute aufs Neue ein praktikables Zusammenwirken zwischen Individuum und Gemeinschaft? Vor allem: Was heißt das konkret für Sie?

12
Lebt
Entschiedenheit!

Ein Telefonat – eine berufliche Alltagssituation: Wir rufen bei einem Unternehmen an, das uns für einen Vortrag buchen will:

»Tut-tut-tut«, dann meldet sich die Stimme am anderen Ende der Telefonleitung: »Firma XY, Sie sprechen mit Martin Mustermann.«

Anja oder Peter: »Guten Tag, Herr Mustermann. Ihr Kollege/Chef hat mir eine Mail geschrieben mit einer Vortragsanfrage für Ihre Führungskräftekonferenz. Dazu wollte ich jetzt mit ihm sprechen. Ist er zu erreichen?«

Martin Mustermann: »Nein, tut mir leid. Der ist heute in unserer Niederlassung in Polen / auf einer Konferenz in Wuppertal / den ganze Tag in einem Strategiemeeting ... Ich kann ihm gern ausrichten, dass Sie angerufen haben.«

Anja: »Prima, das ist sehr nett, wenn Sie das weiterleiten würden. Mein Name ist Anja Förster und es geht um seine Mail von letztem Freitag.«

Oder Peter: »Das wäre prima, wenn Sie ihm das ausrichten. Richten Sie ihm doch bitte aus, dass Peter Kreuz wegen der Vortragsanfrage angerufen hat.«

Man hört, wie ein Zettel abgerissen wird – oder die Tasten des Computers beim Schreiben der E-Mail klappern ... dann: »Okay, Vortragsanfrage für die Führungskräftekonferenz im Mai. Ihren Namen habe ich notiert. Von welcher Firma rufen Sie an?«

So ist es immer. Die Stimme der Rezeptionistin: »Wen vertreten Sie?« Die Stimme des Mitarbeiters am Telefon: »Von welcher Firma rufen Sie an?« Die Stimme der Empfangsdame beim Konferenz-Check-In: »Welches Unternehmen darf ich auf Ihrem Namensschild vermerken?« Die Stimme im Call-Center: »Zu welcher Organisation gehören Sie?«

»Anja Förster, ich vertrete die menschliche Rasse.«

Wir kommen bei solchen Gesprächen immer mal wieder in Versuchung zu antworten: »Anja Förster, ich vertrete die menschliche Rasse.« Oder: »Peter Kreuz. Ich gehöre zur Organisation der Homo sapiens.«

Aber bei unseren Gesprächspartnern am anderen Ende der Telefonleitung oder auf der anderen Seite des Empfangstresens würden wir damit für ziemliche Verunsicherung sorgen oder sogar den Verdacht schüren, dass man schleunigst den Sicherheitsdienst rufen muss, weil mit uns etwas nicht stimmt. Zufriedenheit kommt erst dann auf, wenn man vermerken kann: Anja Förster oder Peter Kreuz von der Förster & Kreuz GmbH.

Das entbehrt nicht einer gewissen Ironie, denn es ist nichts anderes als eine Kombination unser beiden Nachnamen, versehen mit dem Rechtsformkürzel ... aber dann ist die Welt wieder in Ordnung. Sobald das Individuum einer Organisation, Institution oder Firma zugeordnet werden kann, ist alles wieder an seinem vertrauten und angestammten Platz.

Sich in einem System mit berechenbaren Zuordnungen zurechtzufinden, das haben wir so gelernt. Das ist vertraut und fühlt sich »richtig« an – alles andere nicht.

John D. Rockefeller, der Gründer von Standard Oil, der es Ende des 19. Jahrhunderts zu sagenhaftem Reichtum brachte, sagte: »Der Tag der Zusammenarbeit hat bleibende Bedeutung. Der Individualismus ist verschwunden und kehrt nicht wieder.«

Das Entweder-oder
ist die Denke von gestern.

Rückblickend hat das prima funktioniert. Menschen ordneten ihre Individualität dem kollektiven Willen und der Autorität einer Organisation unter. Im Ausgleich dafür erhielten sie Zugehörigkeit zu einer Gemeinschaft, einen sicheren Job und ein festes monatliches Einkommen. Und das Ich?

Unwichtig. Dieses Denken ist bis heute fest in den Köpfen der Menschen verankert.

Aber ist es tatsächlich auch heute noch so, dass wir uns zwischen Individualismus und Gemeinschaft entscheiden müssen?

Das Entweder-Oder ist die Denke von gestern. Stattdessen sollten wir uns dem Gedanken öffnen, dass entschiedene Menschen sowohl ihre Interessen, Meinungen und Ziele verfolgen und vertreten, als auch die Interessen und Wünsche der Gruppe sehen und achten können – und zwar ganz freiwillig. Sowohl als auch – statt entweder oder!

Statistenrollen nehmen wir nicht an!

Entschieden zu sein bedeutet, selbst zu bestimmen, wie weit wir uns auf die Gruppe einlassen. Das ist das Fundament eines reifen und gleichberechtigten Miteinanders. Und es ist eine Abkehr von der Haltung des Statisten. Statisten tanzen nach der Pfeife der Regisseure. Und wenn ihnen etwas nicht gefällt, dann machen sie die Anderen dafür verantwortlich und zeigen mit dem Finger auf die Gruppe oder auf den Chef und sagen: Ich wollte das ja nicht. Der da und die da wollten das so. Also übernehme ich auch nicht die Verantwortung.

Aber so ist das nicht in Ordnung. In Wahrheit sind es nicht »die Anderen« die Sie veranlassen etwas zu tun, das Sie nicht wollen. »Die Anderen« können überhaupt nichts mit Ihnen tun, es sei denn, Sie willigen ein!

Das so zu sehen ist allerdings nicht leicht für Menschen, die nur gelernt haben, sich in der Fremdbestimmung einzurichten. Und leider lässt sich Selbstbestimmung nicht verordnen, sondern es ist unsere Entscheidung, die Mut, Kraft und Konsequenz erfordert. »In der Gemeinschaft ist es leicht, nach fremden Vorstellungen zu leben. In der Einsamkeit ist es leicht, nach eigenen Vorstellungen zu leben – aber bewundernswert ist nur der, der sich in der Gemeinschaft die Unabhängigkeit bewahrt«, sagte der amerikanische Philosoph und Dichter Ralph Waldo Emerson.

»Die Anderen« können überhaupt nichts mit Ihnen tun, es sei denn, Sie willigen ein!

Sich in der Gemeinschaft die eigene Unabhängigkeit zu bewahren – genau das ist der Punkt. Deshalb plädieren wir dafür: Nehmt Euer Leben in die eigenen Hände! Lebt Entschiedenheit! Das ist die Antwort auf ein Leben im Heute mit all seiner verwirrenden Komplexität, seiner manchmal erdrückenden Multioptionalität und den damit verbundenen Unsicherheiten.

Wir leben in einer Welt, in der wir etwas versuchen dürfen und können. Niemand riskiert Kopf und Kragen, wenn er selbstbestimmt und entschieden sein Leben lebt. Wer, wenn nicht wir, sollte das tun?

229

Gute Gemeinschaft

Im größeren Kontext betrachtet ist diese Lebenshaltung auch das grundlegende Prinzip für die Zukunftsfähigkeit von Wirtschaft und Gesellschaft.

Unter den heutigen Bedingungen kann jeder Einzelne nicht nur seinen eigenen Interessen und Bedürfnissen folgen, er muss es auch. Eine Wissensgesellschaft, die Experten für eine Vielfalt ganz unterschiedlicher, hochspezialisierter Tätigkeiten benötigt, muss ihren Mitgliedern einen weiten Spielraum von individuellen Entfaltungsmöglichkeiten bieten, und umgekehrt sollten die Menschen ihn auch nutzen.

Selbstbestimmung und Entschiedenheit stehen nicht im Widerspruch zu einer funktionierenden Gesellschaft, sondern sind geradezu ihre Voraussetzung.

Nur wer erwachsen, mündig und emanzipiert ist, kann auch Verantwortung übernehmen – für sich und andere. Nur wer weiß, was er am besten kann, und diese Talente und Fähigkeiten pflegt, kann sich und andere damit nach vorn bringen. Das klare Ziel jeder tragfähigen Gemeinschaft muss also eine möglichst hohe Zahl an Menschen sein, die selbstbestimmt und entschieden sind und darum ihre Talente, Fähigkeiten und Ambitionen entfalten. Nur das erhöht die Tragfähigkeit des Systems – und erlaubt, dass all jene, die diesen Weg nicht gehen wollen oder können, auch ihr Auskommen haben.

230

In der Arena

Abgesehen vom Leben selbst ist die Fähigkeit zu wählen das größte Geschenk, das uns gemacht wurde.

Wir haben die Freiheit zu wählen. Wir sind nicht lediglich ein Produkt unserer Vergangenheit, unserer Gene oder unseres Umfelds. Natürlich werden wir durch unser Umfeld beeinflusst, aber es bestimmt uns nicht. Wir bestimmen uns vielmehr selbst durch unsere Entscheidungen. Wir können Entscheidungen treffen, die auf unseren Werten beruhen. Wir können die Richtung unseres Lebens selbst wählen. Das ermöglicht uns, die Weichen für unser Leben zu stellen und unsere Zukunft zu gestalten.

Freiheit muss man lernen.

Sich die Freiheit zu nehmen, sein großes Ja zu wählen und ein Leben in Entschiedenheit zu führen, ist nicht ein durch Geburt und Schicksal gewährtes Privileg. Freiheit muss man lernen. Sie ist stets ein Wagnis, das einige Menschen eingehen und vor dem viele zurückschrecken. Umgekehrt ist Unfreiheit nie allein die »Schuld der anderen«, der Gesellschaft, sondern immer auch Ausdruck eigenen Verweigerns.

231

Der Mensch hat so viel Freiheit, wie er sich selber zutraut und wie er sich erkämpft.

Freiheit hat man nicht einfach, sondern sie entsteht dadurch, dass man sie nutzt und etwas daraus macht.

In unseren Büchern und mit unseren Vorträgen wollen wir Menschen Mut machen, für etwas einzustehen, etwas zu bewegen – in ihrem Unternehmen und in ihrer Welt. Daran hängt unser Herz. Viele unserer Leser und Zuhörer teilen diesen Spirit, das spüren wir in vielen Reaktionen und Gesprächen. Sie begnügen sich nicht damit, darauf zu warten, dass der Wind in ihre Richtung weht, sondern sie stehen auf. Sie handeln. Sie bewegen.

Aber klar ist auch: Sobald Sie für eine Sache einstehen, sobald Sie etwas anstoßen – und sei es nur als ein kleines Rädchen in einem großen Räderwerk – dann hagelt es Kritik! Dann kommen die destruktiven Skeptiker, professionellen Schwarzseher und omnipräsenten Untergangspropheten aus ihren Löchern. Jene Menschen, die sich dazu aufgerufen fühlen, alles schlechtzureden, alles im Ansatz zu zerreißen, jedes neue Ideenpflänzchen noch im Keim zu ersticken.

Natürlich bringt uns das auf die Palme! Um wieder runter auf den Boden zu kommen, hilft uns dann eine Passage aus einer Rede, die der 26. amerikanische Präsident Theodore Roosevelt im Jahr 1910 an der Pariser Sorbonne hielt – jener Universität, an der Marie Curie als erste Frau und erste Professorin lehrte: »Nicht der Kritiker zählt, nicht derjenige, der darauf hinweist, wie ein starker Mann strauchelt oder wo ein tätiger Mensch etwas hätte besser machen können. Das Ansehen gebührt dem Menschen, der sich tatsächlich in der Arena

232

befindet, dessen Gesicht mit Staub, Schweiß und Blut verschmiert ist und der mutig kämpft und dabei irrt ...«

Dieses Bild finden wir wunderbar, denn unser Respekt gehört den Menschen, die in der Arena für eine Verbesserung, eine Idee oder eine Sache mit offenem Ausgang kämpfen.

> Diese selbstgerechten Trolle,
> die am Spielfeldrand stehen
> und ungefragt Häme verbreiten!

Diejenigen, die sich erdreisten von den billigen Plätzen auf der Zuschauertribüne herunterzupfeifen, diese Mister Ich-weiß-alles-besser, die selber noch nie etwas riskiert haben, diese selbstgerechten Trolle, die am Spielfeldrand stehen und ungefragt Häme verbreiten – sie können uns den Buckel runterrutschen!

Und trotzdem: Es gibt auch noch eine andere Sorte Kritik. Eine, die zählt, auch wenn sie selten ist. Und diese Kritik kommt von jemandem, der – so formuliert es Roosevelt – selbst »größte Begeisterung und höchste Hingabe kennt, der sein Leben für eine ehrenwerte Sache investiert«, der selbst in der Arena kämpft und aus eigenem Erleben weiß, wovon er spricht.

Wenn ein solcher Mitstreiter mit Respekt konstruktive Kritik übt, dann sagen wir: DANKE! Und versuchen, es das nächste Mal besser zu machen.

233

Ohne Worte

In einem Park in Minneapolis steht eine aus Bronze gegossene Skulptur der Künstlerin Judith Shea. Sie heißt »Without Words«. Es handelt sich um drei Plastiken, eine von ihnen ist ein Regenmantel aus Bronze – er ist leer, es steckt kein Mensch darin. Er ist dazu da, Regen abzuhalten. Das tut er auch. Aber für wen? Auf der einen Seite erfüllt er seinen Zweck, auf der anderen Seite ergibt er keinen Sinn.

Diese Skulptur inspirierte schon den Wirtschaftsphilosophen Charles Handy zu seinem Buchtitel *The Empty Raincoat*. Seine Kernbotschaft: »Wir sind nicht dazu bestimmt, leere Regenmäntel zu sein!«

Wenn wir auf der Suche nach einem Standardweg durchs Leben sind, einem wirklich sicheren Weg, der garantiert bis zum Ende führt, werden wir enttäuscht. Wir selbst müssen den Freiraum – den leeren Regenmantel – füllen. Wir müssen uns entscheiden, wie wir unser Leben leben wollen: bequem oder gefährlich. Fremdbestimmt oder selbstbestimmt. Als Regisseur oder als Statist. Sicher oder bunt. Das Leben einer namenlosen Nummer auf einer Gehaltsabrechnung, das Leben eines Postenbesitzers, das Leben eines austauschbaren Rädchens im großen Getriebe, das Leben einer Zahl in der Statistik einer Staatsbürokratie – oder ein Leben in Freiheit und Entschiedenheit.

234

Jeder von uns hat die Wahl, mehr als nur ein leerer Regenmantel zu sein!

Ihr
Lunchpaket

Wir bekommen immer mal wieder Leserzuschriften, die die Abwesenheit von Rezepten, Anleitungen, Checklisten, Handlungsanweisungen und How-tos in unseren Büchern bemängeln. Das verstehen wir. Das wäre ja auch wirklich schön: Buchinhalt plus siebzehneinhalb klare Regeln und Vorgaben zur sofortigen Umsetzung, fertig ist die Laube, respektive das erfüllte Leben.

Dass wir diese Rezepte weglassen, liegt nicht daran, dass wir faul wären oder dass wir Sie im Regen stehen lassen wollten. Es ist einfach nur so, dass wir solchen allzu einfachen, direkten Lebensanleitungen gegenüber zutiefst kritisch sind.

Wenn Sie unseren Newsletter abonniert haben und vielleicht auch das eine oder andere unserer Bücher gelesen haben, dann wissen Sie bereits, dass wir davon überzeugt

sind, dass solche Ratschläge und Rezepte Ihnen mehr scha-
den als nützen.

Der Wunsch nach einem Lebensrezept ist geradezu eine
Garantie für das Misslingen: Gerade die Selbstverantwortung und der Glaube an Ihre eigenen Fähigkeiten sind ja
die Voraussetzungen für ein Leben in Freiheit und Selbstbestimmung. Einer »Todsicheren Tigerstrategie zu Erfolg
und Lebensglück in sieben komma fünf Schritten« zu folgen
ist darum etwa so töricht, wie »Faulenzen, um fit zu werden«
oder »Wie Sie sich vergiften, um gesund zu werden«...

Aber dennoch wollen wir Ihnen am Ende dieses Buches
etwas mitgeben, eine Art Lunchpaket auf Ihrer eigenen
Reise. Es sind keine Rezepte, sondern viel eher Anregungen,
Impulse, Inspirationen. Wir könnten auch sagen: Tipps, die
Sie nicht befolgen sollten, sondern über die Sie nachden-
ken könnten, um etwas für Sie Passendes daraus zu machen.
Oder um es mit einem Wort aus dem Sport zu benennen:
Reize.

Und zwar genau sechs Stück:

1. Treffen Sie endgültige Entscheidungen

Damit meinen wir: Bitte erwägen Sie bei all Ihren Lebens-
entscheidungen, ob groß oder klein, generell auf das Rück-
gaberecht zu verzichten. Damit meinen wir: Natürlich werden Sie im Laufe Ihres Lebens Ihre Meinung hin und wieder
ändern. Es wäre ja auch ein schlimmes Zeichen, wenn das
nicht so wäre. So wird Ihnen vielleicht irgendwann einmal
der Lebenspartner, den Sie ausgewählt haben, der Arbeitgeber, der Geschäftspartner oder die Stadt, in der Sie leben,

auf den Wecker fallen. Das sind die Momente, in denen Sie Ihre Entscheidung anzweifeln.

Nur: Wenn Sie die Tatsache Ihrer »natürlichen Wankelmütigkeit« schon von vorneherein in Ihren Entscheidungen einpreisen, indem Sie sich schon während der Entscheidung zugestehen, diese irgendwann in der Zukunft wieder zurückzunehmen, dann stellen Sie sich selbst ein Bein.

Das wäre nämlich so, als ob Sie beim Gelöbnis in der Kirche vor der versammelten Hochzeitsgesellschaft heimlich hinter dem Rücken die Finger kreuzten: gelogen! Ein solches Entscheiden ohne wirklich zu entscheiden trägt eine sich selbst erfüllende Prophezeihung in sich: Alleine dadurch, dass Sie sich selbst von Beginn an die Chance geben, Ihre Entscheidung zu revidieren, erhöht sich die Wahrscheinlichkeit, dass Sie tatsächlich unglücklich mit Ihrer Entscheidung werden, Ihre Meinung ändern und alles rückgängig machen wollen. Und zwar drastisch.

Denn das Schlupfloch »Zurück auf Start« behalten Sie immer im Kopf. Sie lassen sich nie vollständig auf Ihre Wahl ein. Sie schleppen Ihren Zweifel immer mit. Und wenn dann Schwierigkeiten auftauchen, dann fragen Sie sich nicht, wie Sie die Schwierigkeiten überwinden könnten, sondern Sie fragen sich, wann der richtige Zeitpunkt zum Aussteigen ist. Also wann Sie Schluss machen, wann Sie die Scheidung einreichen, wann Sie die Kündigung abgeben, wann Sie in eine andere Stadt ziehen.

Würden Sie in schwierigen Zeiten die gleiche Energie aufwenden, um in der bereits endgültig entschiedenen Situation zurechtzukommen, dann würden Gehirn und Psyche automatisch dafür sorgen, sich dieser Situation schneller anzupassen – um eben zurechtzukommen. Mit anderen Worten: Sie schauen nach vorne und nehmen Einfluss auf Ihr Leben, um es weiterzuentwickeln, anstatt immer wieder zurückzufallen und von vorne zu beginnen.

2. Üben Sie Dankbarkeit

Dankbarkeit ist Übungssache. Oder anders gesagt: eine gute Angewohnheit. Wie jede andere gute Angewohnheit, also zum Beispiel mindestens zwei Liter Wasser pro Tag zu trinken oder regelmäßig Sport zu machen, ist Dankbarkeit ein Verhalten, zu dem wir uns selbst konditionieren können.

Das Gute an der Dankbarkeit ist, dass Sie unmöglich negative Gedanken hegen können, während Sie dankbar sind. Sie können keine Wut oder Trauer empfinden, wenn Sie dankbar sind. Sie können keine Reue nähren, während Sie dankbar sind. Und da Sie ja nun wissen, dass Reue der Nährboden für ein verunglücktes Leben ist, erscheint eine dankbare Haltung zu Ihren Lebensumständen doch wie eine gute Entscheidung.

Wenn Sie also über irgendetwas Enttäuschung verspüren, dann zeigt Ihnen dieses Gefühl an, dass Sie an dieser Stelle die Wahl haben: Entweder Sie konzentrieren sich auf das, was schlecht ist. Dann haben Sie für die besten Voraussetzungen gesorgt, dass Sie Ihre frühere Entscheidung bereuen können, Ihre Selbstzweifel anwachsen und der Glaube an Ihre Selbstwirksamkeit schrumpft. Wenn das, nach allem, was Sie nun wissen, für Sie nicht die beste Alternative ist, um mit Ihrer Enttäuschung fertig zu werden, können Sie den anderen Pfad einschlagen: Überlegen Sie, was das Gute im Schlechten ist. Für was können Sie gerade jetzt dankbar sein?

Diese Haltung bewusst einzunehmen, fühlt sich anfangs etwas merkwürdig an. Aber es funktioniert. Und je öfter Sie sich in Dankbarkeit üben, desto leichter fällt es Ihnen. Die Wirkung ist jedenfalls verblüffend.

Eines der vielen guten Resultate der Dankbarkeit ist, dass Sie aufhören, sich ob der vielen Wahlmöglichkeiten zu grämen. Sie lernen zu akzeptieren, was »gut genug« für Sie ist. Sie hetzen nicht mehr dem »Besten« hinterher.

Oder, um zwei Fachbegriffe zu verwenden: Durch Dankbarkeit können Sie vom Lager der »Maximizer« zum Lager der »Satisficer« wechseln.

3. Bedauern Sie nichts

Satisficing (Satisficer) ist eine Wortschöpfung des Sozialwissenschaftlers und Psychologen Herbert Simon. Im Jahr 1978 erhielt er den Wirtschaftsnobelpreis »für seine bahnbrechende Erforschung der Entscheidungsprozesse in Wirtschaftsorganisationen«. Das Wort ist eine Kombination aus den englischen Wörtern satisfying (befriedigend) und suffice (genügen). Ein Satisficer sucht, bis er etwas findet, was seinen Maßstäben genügt und stellt dann seine Suche ein.

Beim Maximizer hingegen läuft es anders: Nachdem er sich entschieden hat, wird er verfolgt von all den Optionen, für deren Überprüfung seine Zeit nicht ausreichte. Unter dem Strich gewinnt er weniger Zufriedenheit aus seiner umsichtigen Wahl als der Satisficer. Und die Wahrscheinlichkeit, seine Entscheidungen zu bereuen, ist bei ihm größer.

Dem Maximizer erscheint der Satisficer als jemand, der bereit ist, sich mit der Mittelmäßigkeit abzufinden, doch das ist ein Irrtum. Der Satisficer orientiert sich unter Umständen an ebenso klaren Kriterien wie der Maximizer.

Die Zielsetzung der Maximierung ist ein Quell großer Unzufriedenheit und macht Menschen unglücklich – besonders in einer Welt, die uns mit einer überwältigenden Fülle von trivialen und weniger trivialen Wahlmöglichkeiten konfrontiert.

Als Herbert Simon in den fünfziger Jahren den Begriff des Satisficing einführte, vertrat er die Auffassung, dass bei Einrechnung aller Kosten (an Zeit, Geld und Beunruhigung), die für die Beschaffung von Informationen über Optionen aufgewendet werden müssten, Satisficing in Wirklichkeit die echte Maximierungsstrategie sei. Mit anderen Worten: Das Beste, was Menschen unter Berücksichtigung aller Umstände tun können, ist Satisficing.

Zugegeben, häufig ist es schwer, sich mit dem zufriedenzugeben, was »gut genug« ist. Die Erkenntnis, dass Sie eine bessere Wahl hätten treffen können, ist unter Umständen ärgerlich. Außerdem gibt es da draußen eine wilde Horde von Experten, die versuchen, Sie davon zu überzeugen, dass »gut genug« nicht gut genug ist, wenn »neu und verbessert« verfügbar ist.

Dennoch, jeder verhält sich zumindest in einigen Lebensbereichen als Satisficer, weil selbst der Heikelste nicht in jeder Hinsicht ein Maximizer sein kann. Das Kunststück besteht darin, sich das Satisficing anzueignen und es zu schätzen, es zu entwickeln und zu fördern, statt es als Notnagel zu sehen. Wenn es Ihnen gelingt, sich zum bewussten und überzeugten Satisficer zu entwickeln, neigen Sie weniger dazu, Bedauern zu empfinden. In der komplexen, optionengesättigten Welt, in der wir leben, können Sie sich auf diese Weise ein Stück Seelenfrieden sichern.

240

4. Dämpfen Sie Ihre Erwartungen

Wie wir eine Erfahrung bewerten, hängt in erheblichem Maße davon ab, wie sie im Vergleich zu unseren Erwartungen abschneidet. Am leichtesten erzielen Sie Zufriedenheit, wenn Sie sich von der Erwartung des von vornherein Perfekten verabschieden.

Wenn wir zum Beispiel ein Buch schreiben, dann legen wir die Latte für uns selbst so hoch wie möglich. Unser Anspruch an uns selbst ist super-super-super-groß, wie es Pep Guardiola vielleicht formulieren würde. Und das finden wir richtig.

Bei unseren ersten Büchern hat uns dieser Anspruch aber geradezu in Verzweiflung gestürzt. Wir wollten, dass die erste Version eines jeden Kapitels schon möglichst perfekt ist. Am liebsten nach dem Motto: Wir geben uns nur einen Versuch – und so geht das Werk dann auch in Druck. Was uns nach und nach klar geworden ist: Ein erster Wurf ist niemals richtig gut. Und schon gar nicht perfekt.

Doch dann haben wir an uns gearbeitet. Genauer: an unserer Haltung gegenüber dem Neuen. Wir eigneten uns an, wofür es im Englischen einen schönen Ausdruck gibt: Beta-Mindset.

Dahinter stehen drei kluge Ideen:

1. Wenn Sie nach kreativer Arbeit etwas Neues präsentieren – eine neue Speisekarte, einen Skizze für einen Flyer, ein Konzept für eine Kampagne, den Entwurf für den neuen Produktkatalog oder was auch immer – dann machen Sie sich bewusst, dass dies kein finales Produkt und kein Ergebnis ist, sondern nur ein erster Schritt dorthin.

Sie werden noch viele Gespräche führen, dabei werden Sie zusätzliche Einsichten gewinnen, manche Ihrer Prämissen werden bestätigt werden, manche Annahmen werden Sie mit neuen Augen sehen, die eine oder andere neue Idee wird auf den Tisch kommen. Sie werden nachjustieren, verbessern und weiterentwickeln. Und hinterher wird es so gut sein, wie es Ihnen im ersten Wurf auch mit viel Zeit und Mühe niemals gelungen wäre.

2. Auf diese Weise können Sie Ihren Stress erheblich reduzieren. Denn wenn es schon von Anfang an perfekt sein soll, sind Sie automatisch in der Verteidigungszone: Sie müssen beweisen, wie gut Ihr »fast schon finaler Entwurf« ist. Das ist unglaublich anstrengend.

Wenn Sie stattdessen bereits die unperfekte Beta-Version vorzeigen, dann sind Sie in der Offensive: Sie können neugierig und offen testen und herausfinden, wo noch Luft nach oben ist. Sie werden die Kritik als hilfreich und konstruktiv begrüßen und sich nicht dagegen wehren. Und die aufgewendete Energie fließt in die Verbesserungen, nicht in den Rechtfertigungskampf.

3. Allerdings – und das ist wichtig! – rechtfertigt der Beta-Gedanke auf keinen Fall schlampige Arbeit. Beta ist nicht die Ausrede für eine schludrige Abkürzung oder dass Sie in letzter Minute irgendwas zusammenzimmern. Im Gegenteil: Natürlich sollte Ihre Leidenschaft, Ihre Sorgfalt, Ihre ganze Aufmerksamkeit in das Projekt fließen. Sie haben dabei lediglich das Verständnis, dass Sie eben noch nicht alle Antworten haben. Sie können sehr wohl Ihr Bestes geben, wohl wissend, dass Sie damit noch nicht im Ziel sind.

Um mit John Cassidy zu sprechen, dem Autor des genialen Jonglier-Lehrbuchs *Juggling for the Complete Klutz*: Wenn Sie lernen wollen, mit Bällen zu jonglieren: Beginnen Sie doch erstmal mit Bohnensäckchen! – Warum? Weil Bohnensäckchen nicht wegrollen. Sie bleiben direkt vor Ihnen liegen und halten so den Preis für jeden Fehlversuch niedrig. Die Motivation bleibt hoch, Sie üben mehr, Sie werden schneller besser.

Genauso haben wir es auch gemacht – beim Bücherschreiben: Bei unseren letzten Büchern haben wir zuerst mit Bohnensäckchen jongliert. Das heißt, wir haben den ersten, nicht perfekten Entwurf der Kapitel als Beta-Version akzeptiert. Und dann haben wir die Texte durch viele Änderungsschleifen und Prozessschritte gejagt ... bis sie irgendwann ihren endgültigen, abgabereifen Zustand erreicht hatten.

Seit wir das verstanden haben, hat sich der Prozess des Konzipierens und Schreibens dramatisch beschleunigt!

5. Vergleichen Sie sich nicht mit anderen!

Der Vergleich ist der Tod des Glücks. Und zwar generell.

Wenn Sie beispielsweise ein schönes neues Auto gekauft haben, auf das Sie stolz wie Oskar sind und über das Sie sich unbändig freuen – und Sie dann der Versuchung des Vergleichs erliegen, dann werden Sie die Erfahrung machen, dass es irgendwo in Ihrem Umfeld mit fast hundertprozentiger Sicherheit jemanden gibt, der ein noch schöneres, teureres, angesagteres Auto hat. Und schon ist es vorbei mit der ungetrübten Freude an Ihrem Auto, das Sie nun gerade gekauft haben. Das finden wir schade.

Wenn es Ihnen gelingt, sich weniger bis überhaupt nicht mit anderen zu vergleichen, dann könnten Sie definitiv größere Zufriedenheit erlangen. Und das ist nicht nur auf das neue Auto gemünzt.

Da ein Satisficer dankbar und zufrieden ist mit dem, was er hat, er es also bereits als positiv abgehakt hat, benötigt er den sozialen Vergleich gar nicht, um sich gut mit seiner Entscheidung oder Errungenschaft zu fühlen. Er erliegt der Versuchung des Vergleichs einfach deshalb nicht, weil er ihn nicht braucht. Darum führt die Einsicht, dass »gut genug« gut genug ist, unter Umständen automatisch dazu, dass wir uns weniger darum kümmern, was die anderen haben und was sie toll finden. Und das ist gut so.

6. Lernen Sie Einschränkungen zu schätzen!

Wenn die schiere Zahl der Optionen so hoch ist, dass Entscheiden zur Quälerei wird, dann sollten wir froh sein, wenn unsere Wahlmöglichkeiten durch äußere Umstände eingeschränkt werden.

Damit meinen wir: Grenzen und Einschränkungen machen uns das Leben leichter. Wir können einfach die Routine der Gewohnheit sowie die uns gesetzten Regeln und Gesetze und Gebote befolgen, so dass wir nicht jedes Mal aufs Neue entscheiden müssen.

Allerdings: Sinnvoll ist das natürlich nur bei den Alltagsfragen, die ansonsten unsere Entscheidungsenergie unnötig aufzehren würden: Was Sie zur Arbeit anziehen. Dass Sie sich immer anschnallen, auch wenn Sie nur eine Kurzstrecke fahren. Dass Sie jeden morgen Joggen gehen. Und so weiter. Es genügt, solche Entscheidungen einmal zu treffen und dann immer und immer wieder auf die Replay-Taste zu drücken.

Diese Art der Regelbefolgung erspart uns Zeit und Aufmerksamkeit, die wir uns für Wahlhandlungen aufheben können, für welche die Regeln nicht gelten. Also: für all das Wichtige im Leben.

Wer wollen Sie sein?

Jeder von uns hat die Wahl, das Wichtige in seinem Leben zu entdecken und etwas daraus zu machen. Das Schlüsselwort lautet: Verantwortung. Wir haben das Recht und die Pflicht, Verantwortung für unser Leben zu übernehmen.

Wir sind es uns selbst schuldig.

NEIN zu sagen ist der Türöffner, um Regisseur unseres Lebens zu sein statt Requisit mit Pulsschlag. Wir definieren uns selbst durch unsere Entscheidungen, wozu wir NEIN sagen. Nur so können wir aus dem, was wir sind, das machen, was wir sein wollen.

Quellenverzeichnis

Andersen, Margaret L.; Taylor, Howard Francis: Sociology: Understanding a diverse society, Belmont: Wadsworth Publishing, 2000

Arnu, Titus: Glotzen und Gammeln, in: Süddeutsche Zeitung, 29.06.2015

Berlin, Isaiah: Four Essays on Liberty, Oxford: Oxford University Press, 1969

Brown, Brené: Verletzlichkeit macht stark, München: Kailash Verlag, 2013

Brown, Nick: Jose Mourinho, Exclusive interview, in: The Telegraph, 09.04.2015

Corssen, Jens: Der Selbst-Entwickler: Das Corssen Seminar, Wiesbaden: marix Verlag, 2004

Covey, R. Stephen: Der 8. Weg, Offenbach: Gabal Verlag, 2006

Curie, Eve: Madame Curie: Eine Biographie, Fischer Taschenbuch: Frankfurt a.M., 1983

Dahlmann, Frank: Mach doch mal 'ne Ansage, in: brand eins, 03/2105

Diesbrock, Tom: Freiheit – eine Gebrauchsanweisung, Heidelberg: mvg Verlag, 2007

247

Drösser, Christoph: Halten sich 90 Prozent aller Autofahrer für überdurchschnittlich gut?, in: Die Zeit, Nr. 24/2014

Frankl, Viktor E.: Der Mensch vor der Frage nach dem Sinn: Eine Auswahl aus dem Gesamtwerk, München: Piper Taschenbuch, 1985

Goldsmith, Barbara: Marie Curie, München: Piper Taschenbuch, 2011

Graw, Ansgar: 15-jähriger Schüler revolutioniert die Krebsmedizin, in: Die Welt, 14.02.2013

Grenville-Cleave, Bridget: Introducing Positive Psychology, Doxford: Icon Books, 2012

Habermann, Gerd (Hrsg.): Philosophie der Freiheit – Ein Friedrich-August-von-Hayek-Brevier, 3. Aufl., Thun: Ott Verlag, 2001

Handy, Charles: Die Fortschrittsfalle, München: Goldmann Verlag, 1998

Handy, Charles: Ich und andere Nebensächlichkeiten, Berlin: Econ, 2007

Hayek von, Friedrich August: Die Verfassung der Freiheit, 4. Aufl., Tübingen: Mohr Siebeck, 2005

Haynes, John-Dylan; u. a.: Point of no return in vetoing self-initiated movements. In: Proceedings of the National Academy of Sciences of the USA, 2015

Hesse, Hermann: Der Steppenwolf, Frankfurt a.M.: Suhrkamp Verlag, 1999

Heuer, Steffan: Die Kraft des Mittelfingers, brand eins, 10/2008

Horeni, Michael: Klinsmann, Frankfurt a.M.: S. Fischer Verlag, 2005

Hubert, Martin: Des Menschen freier Wille, in: Deutschlandfunk, Sendereihe Philosophie im Hirnscan, 18.04.2014

Hubert, Martin: Und es gibt ihn doch! Hirnforscher finden Indizien für den freien Willen, in: Deutschlandfunk, 20.08.2013

Hürter, Tobias: Können wir wirklich frei entscheiden? In: Die Zeit Wissen, Nr. 6/2011

Izzo, John: Die fünf Geheimnisse, die Sie entdecken sollten, bevor Sie sterben, München: Riemann, 2008

Komisar, Randy: The Monk and the Riddle, Boston, Mass.: Harvard Business Review Press, 2001

Libet, Benjamin: Mind time, Frankfurt a.M.: Suhrkamp Verlag, 2005

Lotter, Wolf: Schöne Aussichten, in: brand eins, 04/2010

Lotter, Wolf: Grenzbereiche, in: brand eins, 01/2011

Lotter, Wolf: Die Selbstbestimmer, in: brand eins, 01/2015

Lotter, Wolf: Die Inventur, in: brand eins, 01/2016

Meckel, Miriam: Klientelpolitik schadet der deutschen Wirtschaft, in: Wirtschaftswoche, 24.07.2015

Müller-Jung, Joachim: Endlich befreit!, in: Frankfurter Allgemeine Zeitung, 23.03.2016

Nehberg, Rüdiger: Die Autobiographie, München: Piper Verlag, 2007

N.N.: Gebärende Männer bald üblich?, in: Märkische Allgemeine, 09.09.2013

Nolte, Barbara: Mit 65 Jahren, da fängt ein Leben an, in: Der Tagesspiegel, 12.06.2015

Osho: Freiheit, Berlin: Ullstein, 2005

Page, Scott E.: The Difference: How the Power of Diversity Creates Better Groups, Firms, Schools, and Societies, Princeton: Princeton University Press, 2008

Porter, Michael E.: Competitive Strategy, New York: Free Press, 2004

Precht, Richard David: Anna, die Schule und der liebe Gott, München: Goldmann Verlag, 2013

Rasfeld, Margret; Breidenbach, Stephan: Schulen im Aufbruch, München: Kösel-Verlag, 2014

Simon, Nicole: Freier Wille – eine Illusion?, in: Stern, 14.04.2008

Schmidt, Walter: Im Zweifel für den Zweifel, in: Badische Zeitung, 25.02.2012

Schnabel, Ulrich: Der unbewusste Wille, in: Die Zeit, 17.04.2008

Schulz, Tom R.: Wer will 500 Jahre alt werden?, in: Hamburger Abendblatt, 12.03.2015

Schwartz, Barry: Anleitung zur Unzufriedenheit, Berlin: Ullstein, 2006

Seligman, Martin E.P.: Der Glücks-Faktor, Bergisch Gladbach: Bastei Lübbe, 2005

Sperling, Sibylle: Die Spätzünderin, in brand eins, 07/2014

Sprenger, Reinhard: Die Entscheidung liegt bei dir, Frankfurt a.M.: Campus, 2004

Sweeney, Camille: Old Masters, in: The New York Times Magazine, 23.10.2014

Ramge, Thomas: Nicht fragen. Machen, in: brand eins, 03/2015

Toffler, Alvin: Der Zukunftsschock, München: Goldmann, 1988

Tucholsky, Kurt: Die Verteidigung des Vaterlandes, in: Die Weltbühne, 06.10.1921

Zerback, Sarah: Deutsche setzen auf Sicherheit; Gespräch mit Prof. Dr. Ulrike Ackermann, 07.10.2014

Bildnachweis

WER SIE
ALS **AUTOR** FESSELT,
WIRD SIE ALS **REDNER**
BEGEISTERN

Der Unterschied zwischen erfolgreichen und sehr erfolgreichen Menschen ist, dass sehr erfolgreiche Menschen zu fast allem NEIN sagen. Nur indem wir NEIN sagen – laut und deutlich und ohne Konjunktiv – können wir uns auf das konzentrieren, was wirklich wichtig ist. Nicht umsonst besteht der Kern einer Strategie darin, zu bestimmen, was man nicht macht.

Anja Förster und **Dr. Peter Kreuz** sind als Redner international gefragt und stehen auch für eine Veranstaltung in Ihrem Unternehmen zur Verfügung. Ob Mitarbeiter- oder Kundenevent, Kongress oder Kamingespräch – wir machen es möglich.

Kontaktieren Sie uns unter
info@referentenagentur-bertelsmann.de
www.referentenagentur-bertelsmann.de

REFERENTEN**AGENTUR**
Bertelsmann